COSSU

WE ARE THE GERMANS

COSSU

WE ARE THE GERMANS

MEINE (FAST WAHRE) IRRFAHRT DURCH DIE REPUBLIK

riva

Bibliografische Information der Deutschen Nationalbibliothek
Die Deutsche Nationalbibliothek verzeichnet diese Publikation in der Deutschen Nationalbibliografie. Detaillierte bibliografische Daten sind im Internet über https://dnb.de abrufbar.

Für Fragen und Anregungen
info@m-vg.de

Wichtiger Hinweis
Ausschließlich zum Zweck der besseren Lesbarkeit wurde auf eine genderspezifische Schreibweise sowie eine Mehrfachbezeichnung verzichtet. Alle personenbezogenen Bezeichnungen sind somit geschlechtsneutral zu verstehen.

Originalausgabe
1. Auflage 2024

Türkenstraße 89
80799 München
Tel.: 089 651285-0

Redaktion: Oliver Uschmann
Umschlaggestaltung: Maria Verdorfer
Umschlagabbildung: Jochen Scherzinger | ARTWOOD
Satz: ZeroSoft, Timisoara
Druck: CPI
Printed in the EU

ISBN Print 978-3-7423-2467-2
ISBN E-Book (PDF) 978-3-7453-2237-8
ISBN E-Book (EPUB, Mobi) 978-3-7453-2238-5

Wir produzieren nachhaltig
www.m-vg.de

Weitere Informationen zum Verlag finden Sie unter
www.rivaverlag.de
Beachten Sie auch unsere weiteren Verlage unter www.m-vg.de

Für Flo

Vorwort

Ich lernte meinen Luki an einer Bar am Strand von Ko Tao kennen – es war Liebe auf den ersten Blick. Ich war Chaos und er auch, das konnte nur funktionieren! Wir schnappten uns unsere damaligen Freundinnen und beschlossen, die weitere lange Reise durch Thailand zusammen zu bestreiten, schließlich blieben uns noch drei Wochen. Ich glaube, es gab nichts, was wir nicht erlebt hatten – von Verfolgungsjagden über einen Rollerunfall bis zu Partys, auf denen wir die einzigen Gäste waren. Wir müssen um die 19 Jahre alt gewesen sein. Nun sind wir 35. Wir haben uns dort getroffen und das Schöne ist, wir sind immer noch die Jungs von der Strandbar. Das ganze Leben ist eine Reise, das ganze Leben ist ein Abenteuer. Das hat Luki verstanden – es geht immer darum, sich zu trauen. Ich wiederum kenne keinen, der so hart daran gearbeitet und sich vor allem getraut hat, alles auszuprobieren, um sich selbst zu finden, sich mitzuteilen, um nun da zu stehen oder besser gesagt da zu reisen, wo er nun reist. Lukas Staier alias Cossu ist jemand, der immer mehr will, der rastlos ist und alles in sich aufsaugt wie ein Schwamm. Das ist seine Bestimmung: zu reisen und zu beobachten, um danach darüber zu berichten, egal, ob mit seiner Musik, seinen Figuren, seiner Kunst.

Euer Frederick Lau

We are the Germans, ...

... und ich, Lukas Staier alias Cossu, bin einer davon. Einer von über 80 Millionen, die alle ganz unterschiedlich sind. Unterschiedlich in Herkunft, Erziehung, Bildung, regionalen Besonderheiten und in meinem Fall zusätzlich der Hautfarbe. Auf der anderen Seite sind wir aber auch so gleich: Wir alle lieben Bier und Wurst. Wir meckern über das Wetter, die Steuern, die Nationalmannschaft, den Nachbarn und den Datenschutz. Gleichzeitig lieben und hassen wir unsere Bürokratie. Wir haben alle unsere Gartenzwerge hinter dem Maschendrahtzaun im Vorgarten stehen. Oder etwa nicht?

Ich wurde im Schwarzwald geboren und bin in Haslach im Kinzigtal aufgewachsen. Dort sehen zugegebenermaßen nicht alle so aus wie ich. Daran hat mein Vater, den ich nie kennengelernt habe, natürlich einen gewichtigen Anteil. Auch wenn alle in meiner Familie eine hellere Hautfarbe haben, bin ich derselbe Schwarzwälder wie die anderen eben auch.

Mein badischer Dialekt war für mich immer eine wunderbare Brücke zu den Menschen aus meiner Region. Ganz generell entsteht durch gemeinsame Sprache und Gewohnheiten schnell Sympathie und eine vertraute Basis, bei der es um alles, nur nicht um die Hautfarbe geht.

Die meisten Menschen kennen mich von meinen Social-Media-Kanälen, auf denen ich Comedy-Clips veröffentliche, in denen es meist um deutsche Eigenarten und Dialekte geht. Hin und wieder wird das missverstanden und das Publikum denkt, ich wolle mich über die Deutschen lustig machen. Ganz im

Gegenteil. Ich bin doch ein Teil dieses Landes und lache damit gleichermaßen natürlich auch über mich selbst.

We are the Germans, im Land von Luther und Einstein, Marx und Matthäus, dem Wendler und Roberto Blanco. Meine Freunde würden mich als den deutschesten Deutschen bezeichnen, weil ich sehr viele deutsche Klischees und Tugenden erfülle.

Durch meine Jobs als Comedian, Musiker, Entertainer, Schauspieler sowie Werbe- und TV-Figur bin ich beruflich sehr viel unterwegs und lerne dabei die unterschiedlichsten Menschen kennen. Das mit dem Reisen begann aber schon viel früher. Bevor ich mein Lehramtsstudium begann, war ich mit dem Rucksack dreieinhalb Monate in Südostasien unterwegs. Seither habe ich die halbe Welt gesehen, von Amerika über Asien nach Afrika und natürlich Europa. Die verrücktesten und lustigsten Momente sind mir aber immer in Deutschland passiert. So etwa unterwegs mit einem bekannten Künstler, mit dem ich sechs Jahre quer durch Deutschland getourt bin und die Facetten, Menschen und Dialekte des Landes noch viel besser kennenlernen durfte.

Ich habe dabei zweifellos ein Händchen dafür, immer wieder in die absurdesten und unmöglichsten Situationen zu geraten. Stellen Sie sich vor, Sie werfen eine Münze und diese bleibt vor Ihnen genau auf der Kante stehen. Eine so besondere Situation, dass Sie anderen davon erzählen wollen würden, oder? Bei mir würde die Münze auf dem Rücken einer Fliege landen, diese mit der weiterhin aufrecht stehenden Münze losfliegen und auf einem Ast landen. Von dort würde die Münze wie in Zeitlupe losrollen und auf einem Oldtimer landen, der dadurch einen Kratzer bekäme. Im selben Moment huschte der Besitzer um die Ecke und sähe erst den Kratzer und dann mich, wie ich gerade mit der Münze in der Hand auf Kratzerhöhe verharre, froh darüber, dass die Münze nicht in dem 2 Zentimeter neben dem Auto befindlichen Gully gelandet ist.

Glück, gleichzeitig Pech, alles irgendwie vom Schicksal beeinflusst und das in einer Häufigkeit, dass es mir schwerfällt, von Zufall zu sprechen. Manche Dinge ziehe ich einfach magisch an. So auch, als ich mich eines Tages im Frühsommer auf dem Heimflug von Mallorca nach Stuttgart befand und dann alles völlig anders kam als geplant.

Willkommen in den drei wildesten Tagen meines Lebens.

I.

»Maximalo Gaspedalo, por favor«, flehte ich meinen gut gelaunten mallorquinischen Taxifahrer an, etwas auf die Tube zu drücken, während meine Hände sich am Rücksitz festklammerten. Ich war mal wieder zu spät. Wenn es eine deutsche Tugend gibt, die ich aufgrund meiner chaotischen Art bisher immer noch so gar nicht verinnerlicht habe, ist das die Pünktlichkeit. Antonio war sein Name. Das war das Einzige, was ich verstanden hatte von all dem, was er während der Fahrt zu mir sagte. Um keine peinliche Stille aufkommen zu lassen, versuchte ich, trotz sprachlicher Barrieren auf Krampf ein Gespräch mit ihm anzufangen.

»Alemán?«

»Sí, Alman!«, antwortete ich und freute mich darüber, dass er mich als Deutschen erkannt hatte, trotz dunkler Hautfarbe. Ich schaute an mir herunter, musste grinsen und sah den Grund, weshalb ich so leicht als Deutscher zu identifizieren war: meine weißen Socken in den Sandalen.

»Mallorca mucho perfecto.« Ich haute alle spanischen Wörter raus, die ich in den letzten Tagen gelernt hatte: »Cervesa, Playa, Tapas, Chicas bombastico.« Im selben Moment schämte ich mich schon wieder für das Gesagte, aber ich wollte mir Mühe geben, mich seiner Kultur und Sprache gegenüber aufgeschlossen zu zeigen. Man will in dem Moment gar nicht der typische Deutsche sein, ist es dann aber häufig automatisch. Antonio antwortete maschinengewehrschnell auf Spanisch, ohne Punkt und Komma. Ich verstand kein Wort und nickte nach jedem zweiten Satz mit einem verständnisvollen »Sí, sí.« Nach seinem gefühlt fünfminütigen Monolog beschloss ich, dass ich genug für die interkulturelle Verbindung getan hatte, und schaute nervös auf die Uhr. So gut er konnte, zwängte Antonio das Fahrzeug durch den dichten Verkehr aus der Innenstadt von Palma auswärts in Richtung Flughafen. Es war eigentlich wie immer. Ich war wieder diesen Tick zu spät, um meine Maschine entspannt erreichen zu können. Diesmal gab es allerdings einen triftigen Grund. Meine langjährigen Freunde Anika und Juan würden am kommenden Montag heiraten, und ich war nicht nur Trauzeuge, sondern hatte auch die verantwortungsvolle Aufgabe, die Eheringe bei einer befreundeten Goldschmiedin in Palma abzuholen und mit nach Deutschland zu bringen. Na gut, ich hatte mich zugegebenermaßen auch etwas mit Jessie, der sehr sympathischen Verkäuferin, verquatscht.

Obwohl ich mich angestrengt hatte, Hochdeutsch zu sprechen, hatte sie schon auf meinen ersten Satz hin gefragt: »Du kommsch doch au aussem Ländle?«

»Aber aus dem richtigen Teil«, hatte ich lachend im breitesten Badisch erwidert, denn als Badener musste ich mich natürlich sofort von den Schwaben abgrenzen. Wie man das mit direkten geografischen Nachbarn eben so macht. Das ist wie mit Franken und Bayern, Kölnern und Düsseldorfern, Pfälzern und Saarländern, Frankfurtern und Offenbachern.

»Aus Baden also?«, hatte sie gefragt.

Ich nickte.

»Woher denn genau?«

»Freiburg!«

»Direkt?«

»Na ja, eigentlich eher Offenburg.«

»Stadt oder Umland?« Jessie hatte es wirklich genau wissen wollen.

»Eigentlich aus dem Kinzigtal.«

»Hä, wo kommst du jetzt genau her?«

»Also eigentlich komme ich aus Haslach.«

»Sag das doch gleich.«

Ich hatte die Stirn gerunzelt. »Ich dachte, das kennst du eh nicht.«

»Natürlich kenne ich das. Da kommt mein Stiefvater her.«

»Echt, wer ist denn dein Stiefvater?«

»Der Vollmer Klaus.«

»Ach was, der beste Freund vom Schmider Franz?«

»Sagt mir nix.«

»Ha, der wo mim Schmidt Thomas im Vorstand von den Hansele Fasnachtsverein isch.«

Jessie hatte den Kopf geschüttelt. »Nee, der wo am Rot-Kreuz wohnt.«

»Der mim Zinke!«

Da hatte sie laut losgelacht: »Genau der!«

»Die Welt ist klein, aber du, warum ich eigentlich da bin: die Ringe.«

*

Auf der letzten Rille fuhren wir schließlich keine Sekunde zu früh am Flughafengebäude vor. Ich zahlte und wollte Antonio gerade noch ein paar Euro Trinkgeld in die Hand drücken, fummelte daher in meinen Hosentaschen, wo sich so gar nichts mehr finden ließ, was sich nach Geld anfühlte. »Sorry, I ... I, no tip, no monetas«, stotterte ich, nach sinnhaften spanischen Worten suchend.

Antonio lachte und antwortete in deutlich geübterem Deutsch: »Keine Problem. Mache nächstes Mal.«

»Wie, du sprichst Deutsch?«

»Sí claro, wir sind hier in Mallorca.«

»Auf Mallorca«, erwiderte ich ihm mit erhobenem Zeigefinger. So viel Zeit musste sein, auch wenn der Flieger in 40 Minuten abheben würde. Im selben Moment dachte ich bei mir: *Mann, bist du deutsch,* grinste in mich hinein, schämte mich aber zugleich für meine Oberlehrerhaftigkeit. Dann schnappte ich meinen Rucksack und den Rollkoffer, sprang aus dem Taxi und eilte in Richtung Gebäude.

Ein kurzer Blick, um irgendwo auf der großen Anzeigetafel meinen Flug nach Stuttgart und die entspreche Schalternummer für den Check-in zu erspähen. Frankfurt, Hamburg, Thessaloniki, Düsseldorf, Wien. Alles schöne Städte, aber wo zum Teufel war Stuttgart? Als die Anzeige umblätterte, stand mein Flug gerade noch als letzte Position auf dem Bildschirm. Wie erwähnt war ich knapp dran, verdammt knapp! Mehr oder weniger joggend, kam ich etwas außer Puste am Check-in-Schalter meiner Fluglinie an. In der Schlange standen, grob geschätzt, 60 Leute und es gab sechs offene Schalter. *Macht doch schneller,* dachte ich, *wie kann das sein, dass das so lange dauert?*

Joggen war vorhin, nun rannte ich in Richtung Security Check. Beim Blick auf mein Handy schwitzte ich noch einen Tick mehr, da es die harten Fakten der fortgeschrittenen Uhrzeit dokumentierte. Das Boarding müsste schon fast durch sein und die Maschine mehr oder weniger bald auf dem Weg Richtung Rollfeld vom Finger abdocken. In Sekundenbruchteilen musste ich entscheiden, in welcher der Warteschlangen an der Sicherheit es wohl am schnellsten gehen würde. In der ersten standen drei Kinderwägen. *Vergiss es,* dachte ich bei mir, das dauert ewig. In der Nebenreihe die Resterampe eines Junggesellinnenabschieds. Die vermutliche Braut mit Schärpe auf halb acht, die anderen taumelnd mit Prosecco-Fahne. Okay, das würde auch dauern. Ich entschied mich für die Schlange mit dem Rentnerehepaar, das wohl Fahrradurlaub auf Malle gemacht hatte. Die waren wenigstens nüchtern. Im Nachhinein kann ich sagen: wäre ich lieber zu den besoffenen Mädels gegangen. Das wäre lustiger geworden, außerdem waren sie schon fertig, als ich nach gefühlten drei Stunden und tausend Blicken auf mein Handy immer noch hinter dem schwäbischen Ehepaar stand. Gemächlich packten sie ihren kleinen Koffer und ihre Handtasche in die Hartschalenbox.

Der Security-Mitarbeiter fragte gelangweilt: »Electronic Devices?«

Die ältere Frau schaute ihn mit großen Augen an: »Hä?«

Der Kontrolleur wiederholte seine Frage: »Do you have electronic devices in your bag?«

Hilflos drehte sie sich zu ihrem Gatten um: »Peter, was will der Mann von mir?«

Die stoische Antwort: »Weiß ich jetzt au ned genau, geh eifach weiter.«

Genervt winkte der Security-Mitarbeiter sie durch, doch kaum, dass die Frau durch den Metallscanner läuft, piepst es. Ein anderer Sicherheitsmann deutet ihr mit Händen und Füßen, dass sie ihren Hut abnehmen, zurückgehen und auch diesen in eine Schale legen soll. »Peter, was isch los? Was soll ich mache?«

»Heilandzagg nochmal, Hilde! Dei Hut!«

Hilde war nun total verunsichert. Sie ging zurück, nahm den Hut ab und legte ihn in die Plastikschale. Beim nächsten Versuch, durch den Scanner zu gehen, piepste dieser erneut. Trocken zeigte der Security-Mann auf ihren Hosenbund. Langsam waren alle genervt. Die Kontrollbeamten, Peter und vor allem ich, obwohl ich andererseits langsam Mitleid mit der Frau hatte.

»Donnderlabich nochemol, dei Gürtel, Hilde«, raunzte Peter sie an.

»Ja, aber den brauch ich doch, sonscht geht mir'd Hos doch na.«

»Was kaufsch die au z'groß?«

»Aber die isch doch aussem Schlussverkauf.«

Die hinter Peter und Hilde wartenden Passagiere, an erster Stelle ich, waren nun spürbar angenervt, was auch Peter nicht verborgen blieb: »Jetzt halts se halt fescht für die paar Meter.«

Während Hilde den Gürtel in die Plastikbox legte und mit den Händen am Hosenbund und ohne weiteren Pieps durch den Scanner lief, murrte Peter in seinen Bart: »Wie kammer au so bleed sei?«

Dann war er selbst an der Reihe und natürlich hatte auch er seinen Gürtel vergessen. Es piepte mal wieder. Hilde schaute ihn ernst an, wollte gerade etwas sagen, aber Peter winkte nur ab: »Lass mich in Ruh.«

Ohne den Zeitdruck wäre das Schauspiel der beiden eine perfekte Komödie gewesen. Beim Blick auf die Uhr liefen mir allerdings die Schweißperlen von der Stirn und es zerriss mich innerlich fast. Endlich war ich an der Reihe. Da ich in diesen Dingen schon geübt war, hatte ich alles Kritische ausgezogen und in die Plastikbox gelegt. Der Scanner blieb still. Ich betete still: *Bitte liebe Hartschale, nimm nicht die Abzweigung nach links*, denn das hätte bedeutet, dass mein Rucksack noch einmal genauer untersucht würde. Ich hatte Glück. Mein Gepäck lief ohne weiteren Check durch und ich konnte es am hinteren Teil des Förderbandes wieder in Empfang nehmen. Kaum auszudenken, wie lange es gedauert hätte, wären die Sachen zur Nachkontrolle umgeleitet worden. Dort standen nämlich nun Hilde und Peter. Ich dachte noch so: *Die werden doch jetzt nicht bei denen einen Sprengstofftest machen. Wenn hier jemand keine Bombe dabeihat, sind das Peter und Hilde.* Meine Gedanken bewahrheiteten sich aber. Hildes Tasche musste nachgecheckt werden. Ich hörte nur noch, wie die junge Dame in Uniform sagte: »Electronic devices out of the bags«, während sie eine Digitalkamera aus Hildes Tasche zog. Das kann man sich nicht ausdenken.

Das Grinsen verging mir beim Blick auf die Uhr meines Handys und nicht nur beim Blick auf die Uhr. Ich hatte gerade noch drei Prozent Akku. Scheiße! Wenn es mal läuft. Die letzten Meter zum Abflugschalter sprintete ich mit meinem Rucksack, der gefühlt immer schwerer wurde, im Slalom durch die wartenden Passagiere an anderen Gates. Als ich schließlich völlig außer Puste meinen Flugsteig erreichte, herrschte dort unerwartet entspannte Stimmung. Kurz irritiert dachte ich, ich hätte das Flugzeug verpasst, als eine Durchsage und die entsprechende Anzeige am Boarding-Schalter mich zum ersten Mal in der letzten Stunde tief durchatmen ließ: »Der Flug nach Stuttgart verspätet sich um circa 30 Minuten. Wir werden in 20 Minuten mit dem Boarding beginnen.«

Ich atmete durch. Mein Puls beruhigte sich langsam wieder. Es war nunmehr etwa 21 Uhr an diesem Donnerstagabend. Die Maschine schien nicht besonders voll zu werden, da sich höchstens 25 Menschen am Gate aufhielten. Müde vom Tag, sank ich auf eine der Wartebänke. Ich hätte in diesem Moment auch im Stehen einschlafen können.

Die letzten zehn Tage hatte ich auf der Lieblingsinsel der Deutschen verbracht, unserem siebzehnten Bundesland, wie es oft genannt wird. Einfach mal die Gehirnwindungen durchlüften und die Seele baumeln lassen. Ein bisschen Sport, ein paar Ideen für mein Live-Programm und meine neuen Songs entwickeln, sich ein wenig gesünder ernähren und na ja gut, den Manto Negro, Mallorcas beliebtesten Rotwein, den habe ich auch genossen. Besonders er hat dazu beigetragen, mich mit meinem Inneren zu verbinden, und gut geschmeckt hat er allemal. Dass Alkohol nur in Maßen gut ist, darüber gibt es ja keine zwei Meinungen, aber manchmal muss man im Leben auch über die Stränge schlagen dürfen. Wäre meine Ex-Freundin Laura, die bis vor vier Wochen, zwei Tagen und wenigen Stunden noch offiziell meine Freundin gewesen war, mit mir auf der

Insel gewesen, hätte sie das mit dem über die Stränge schlagen möglicherweise anders gesehen. Zumindest bei meiner Person. Scheiß drauf! Der Neustart war mir in den letzten Tagen so weit gelungen, und ich habe sie nicht vermisst. Nein, wirklich nicht, eigentlich überhaupt nicht. Das mag daran liegen, dass unsere Beziehung, wie man so schön sagt, final gescheitert war und wir die letzten zweieinhalb Jahre unserer fünfjährigen eheähnlichen Gemeinschaft nicht gebraucht hätten. Oder, um es trefflicher im Fußball-Jargon zu formulieren: Die zweite Halbzeit hätten wir nicht mehr spielen sollen.

Während ich meinen Gedanken nachhing, beobachtete ich einige Passagiere, die um mich herum auf den Wartebänken Platz genommen hatten. Mir gegenüber saß ein Ehepaar, sie etwa Mitte 50, er eher Mitte 60, beide von der balearischen Sonne knusprig gebräunt. Sie in einem gelb-orangen Sommerkleidchen und farblich abgestimmten Mokassins, die schulterlangen Haare perfekt gestylt und blondiert. Die goldene Rolex an ihrem Handgelenk trug sie mit der Selbstverständlichkeit einer Frau, die eine solche Uhr schon viele Jahre am Arm hat. Ich kannte einmal eine schwäbische Unternehmergattin, die zur Geburt ihres ersten Kindes eine ähnliche Uhr als Belohnung geschenkt bekam und gleichzeitig als Motivation für zwei weitere Nachkommen. Ihr Mann, Typ schwäbischer Mittelstandsunternehmer, trug ein Poloshirt zur Chinobuxe, das er anständig in der Hose verstaut hatte. Sein Wohlstandsbäuchlein wölbte sich über den Gürtel, was er offensichtlich als gegeben hinnahm und bei aller grundsätzlichen Eitelkeit in seinem Alter und bei seinem wahrscheinlichen Kontostand als nicht weiter tragisch erachtete. Das Kontrastprogramm zwei Sitze weiter. Hilde und Peter hatten es inzwischen offensichtlich ohne Festnahme durch den Sicherheitsbereich geschafft. Wenn ich mir überlegte, welchen Stress ich hatte, diese Maschine zu erreichen – und nun waren die beiden wieder genauso weit wie ich. Wahrscheinlich hatten sie gar nicht bemerkt, dass sie schon knapp dran waren, oder sie wurden von einer höheren Macht beschützt. Jetzt hatte ich auf jeden Fall die Zeit, einen genaueren Blick auf die beiden zu werfen. Beide zwischen 60 und 70. Beide in Rente. Beide Birkenstock, er mit weißen Socken. Ich musste grinsen. Sie schlank und beige Chinohose zur Bluse. Mit Gürtel! Er Karohemd zur kurzen Hose. Mit Gürtel! Beide haben sich wahrscheinlich nie etwas gegönnt, ihre vier Kinder brav großgezogen. Eigentlich nur Sorgen, wenig Freude. Ein Leben nach der schwäbischen Devise: »Spare, spare, Häusle baue!« Irgendwann werden sie mit der gleichen Devise sterben und ihren vier erwachsenen Kindern, die selbst schon wieder Kinder haben und dasselbe Lebensmotto in die Wiege gelegt bekamen, knapp 128 000 Euro und das Reihenhaus in Schorndorf vererben, das sie sich in ihrem Leben zusammengespart haben. Ohne dass ich die karge Kommunikation der beiden verfolgen wollte, ist es mir aufgrund der Dialogintensität dann doch zwangsläufig gelungen. So wie ich sie einschätzte, war es ihr erster Mallorca-Urlaub und der dritte in ihrem Leben außerhalb von Deutschland, Österreich und Italien. Als Badener hatte ich trotz eigentlich guter Sprachskills aus dem württembergischen Partnerland hier und da größere Schwierigkeiten zu verstehen, was die beiden miteinander kommunizierten, da der motzige Ton zusätzlich Laute schluckte, die man in dem ein oder anderen Wort vermutet hätte. Als Hilde einen Apfel aus ihrer Tasche zog und Peter in harschem Ton »Mogsch au en Äpfel?« anfuhr, war seine barsche Antwort: »Noi, wo hasch den jetzt her?«

»Den han i beim Frühstück eipackt. Oder magsch a Weckle mit Breschtlingsgselz? Des han i au no eipackt.« Hilde zog ein in Servietten eingewickeltes Brötchen mit Erdbeermarmelade heraus. Ganz ehrlich, wer schon einmal ein Marmeladenbrot, beispielsweise früher von der Oma, eingepackt bekommen hat, weiß, wie das Brot aussah. Der größte Teil der Marmelade hatte sich bereits in der Serviette verteilt, und das Brot war nur noch ein matschig durchweichtes Etwas.

»Ha spennsch du? I ess doch obends koi Gselzbrot. A paar Maultasche wäre jetz recht«, bruddelte Peter beim Anblick des Erdbeerbrot-Servietten-Breis.

»Ha Peter, des kriegsch morge. I tau heit Obend, wenn ma hoim komme, glei no a paar uff.«

Ich saß da wie versteinert. Wie zum Teufel hatte sie das denn durch den Sicherheitscheck bekommen?

Eine lautstarke Diskussion am Nebenschalter für den Flug nach Berlin riss mich aus meinen Gedanken. Ein bierbäuchiger Glatzkopf in seinen frühen Vierzigern, in Hardrock-Café-Kopenhagen-T-Shirt zur Cargobuxe, stritt gestenreich mit einem Mitarbeiter der Fluglinie.

»Sir, your bag is too big for cabin size.«

»Wat? Talk to me Deutsch, wir ham bezahlt.«

»I'm sorry. You have to pay fifty euros extra for this.« Der Mitarbeiter deutete auf das zu große Handgepäck.

»Fuffzig Tacken, sammal, ham die dir ins Hirn jeschissen, dit sind heute hundert Mark«, blaffte ihn der Berliner an.

Es war nicht das erste Mal, dass ich eine solche Arroganz und Von-oben-herab-Haltung bei Deutschen im Ausland gesehen hatte. Er bemühte sich keinen Millimeter um eine normale Kommunikation mit dem nach wie vor freundlichen Airline-Mitarbeiter, idealerweise in Englisch. Seinen eigenen Fehler, eine zu große Tasche nicht aufgegeben zu haben und sie mit in die Kabine nehmen zu wollen, sah er selbstverständlich nicht ein. Ich fragte mich, wo diese ignorante Arroganz, auf sein nicht vorhandenes Recht zu bestehen, herkam. Etwa, weil man Deutscher war? Krank!

»Hör mir jetzt mal janz jenau zu, du Flitzpiepe. Et klatscht hier gleich, aber keen Beifall.« Mit erhobenem Zeigefinger baute sich der Berliner Kollege drohend vor dem Mitarbeiter der Fluglinie auf. Die Blondine an seiner Seite mit günstiger Dauerwelle zur sonnenverbrannten Haut zog ihn am Arm, um ihr Alphamännchen zu beruhigen.

»Robin, lass jetzt bitte!« Ihr war die ganze Situation offensichtlich mehr als unangenehm, da inzwischen fast jeder im Umkreis von 20 Metern die lautstarke Diskussion mitbekommen hatte.

»One moment, Sir.« Der Airline-Mitarbeiter war sichtlich um Deeskalation bemüht. Er wandte sich ab, wählte eine Kurzwahl auf dem Telefon, sprach in knackig-schnellem Spanisch nur wenige Worte und legte dann wieder auf. Robin sah den Mann siegessicher grinsend an.

»Jeht doch. Haste grade noch mal Glück jehabt.«

Es dauerte keine 20 Sekunden, als aus einer wenige Meter entfernten Tür mit der Aufschrift *Staff only* zwei bullige Polizisten der Policía Nacional in die Abflughalle traten. Ihre finsteren Blicke verrieten, dass sie nicht gekommen waren, um zu diskutieren. Beide spanischen Ordnungshüter waren mehr als einen Kopf größer als Robin, der mit rund 1,85 Meter nicht gerade klein ausfiel. Schwarze Schlagstöcke wippten bedrohlich am Hosenbund im Takt ihres Gangs, während sie sich auf den Abflugschalter zubewegten. Sie wechselten ein paar Worte mit dem Mitarbeiter der Fluglinie, während Robin offensichtlich verstummt war und angespannt abwartete, was nun passierte. Einer der beiden Polizisten baute sich vor ihm auf.

»Sir, what is your problem?«, fragte der Beamte der Policía Nacional in schnörkellosem Englisch mit spanischem Akzent.

»No, ick hab no Problem. But sis guy here very bad service.«

Ach, auf einmal konnte er Englisch. Na ja, *können* wäre deutlich übertrieben.

»Your bag is too big, you have to pay an extra charge of fifty euros«, teilte der Ordnungshüter klar und präzise mit.

»Ach so, ja did hätter doch gleich sagen können.«

»Sorry?«, fragte der Polizist nach, weil er Robins Kommentar nicht verstanden hatte. »Yes, no problem«, antwortete das Berliner Großmaul kleinlaut.

Ach Robin, dachte ich. *Große Klappe und nichts dahinter*. Ich spürte eine gewisse Genugtuung, dass sich der Typ gerade vor seiner Frau und etwa 80 anderen Zuschauern blamiert und am Schluss den Schwanz eingezogen hatte wie ein Dackel auf dem Weg zum Tierarzt. So eine Situation hätte man sich früher in der Schule gewünscht. Ein Telefon mit einer Kurzwahl, die einen großen, starken Helfer schickt, wenn man Opfer eines Bullys geworden war.

Leute beobachten war schon immer mein Hobby. Die Sprache, die Kleidung, das Verhalten. Danach kategorisiere ich die Menschen in meinen Schubladen. Und das ist oft so was von falsch. Genauso falsch, wie es andersrum eben auch ist, wenn Leute mich in *ihre* Schubladen packen.

Eine Parfumwolke lenkte mich von den beiden ab. Wie der Nebel aus dem Horrorfilm *The Fog* waberte sie geradewegs an meine Sitzbank. Die Geruchsquelle war schnell identifiziert. Zwei Plätze neben mir hatte eine durchaus attraktive, wenn auch für meinen Geschmack etwas zu stark geschminkte, junge Frau Platz genommen, die in einer Mallorca-Illustrierten blätterte, die ich auch gerade in der Hand hielt, um sie auf meinem eineinhalbstündigen Flug eingehend zu studieren. Mein abendliches Bilderbuchgucken mit Einschlaf-Faktor.

Sie kam mir bekannt vor. Als ich beiläufig, mehr im Sinne einer Übersprunghandlung, in meiner Ausgabe blätterte, landete ich auf der gleichen Seite, die sie auch gerade aufgeschlagen hatte. Ich warf einen Blick auf die Seite, dann etwas irritiert zu ihr, dann wieder auf die Seite und unauffällig wieder zu ihr. Es war ein Artikel über sie! Sie las eine vorproduzierte Story über sich selbst. Na bravo! Ich kenne auch ein paar Leute, die sich selbst den ganzen Tag googeln. Na ja, ist nicht dasselbe, aber ähnlich narzisstisch. Jetzt klingelte es bei mir auch, woher ich sie kannte. Sie war Tanja Connor, bekannt aus einer bestimmten Art von Film, Funk und Fernsehen. Ex-Modelshow-Kandidatin, Ex-Dschungelshow-Kandidatin, Ex-Liebesshow-Kandidatin, Ex-Freundin von mehreren C-Promis und jetzt im Hier und Heute Mallegesangsstar in einer dieser großen Bierhallen. Wenn ich mich nicht komplett irrte, waren wir vor ein paar Jahren sogar einmal in derselben TV-Show zu Gast, hatten aber keinerlei Berührungspunkte außer bei den Proben ein kurzes »Hallo« und »Tschüss«.

Aus dem Artikel entnahm ich den Titel ihrer aktuellen Single: »Dicke Finken«. Ähm? Dicke Finken! Ich musste reflexartig in mich hineinschmunzeln, weil der Name des Songs eher auf eine ornithologische Abhandlung zur Überfütterung von gleichnamigen Vögeln hindeutete oder aber möglicherweise ein modernes Gedicht einer sozioökologisch engagierten Lyrikerin war. Beides kam am Ballermann, meiner Einschätzung nach, eher übersichtlich an. Zwei Themen waren omnipräsent: Saufen und simulierte Fortpflanzung, also Ficken ohne Reue, eben ganzjährig Karneval. So war es dann auch in diesem Fall. Als ich wenige Sätze tiefer in den Artikel hineinlas, eröffnete sich mir die ganze Wucht der Ballermannlyrik im Refrain des neuen Tanja-Connor-Hits: »Im dichten Fichtendickicht picken dicke Finken tüchtig.«

»Jo leckst die Katz am Arsch«, würde jetzt einer meiner bayerischen Kumpels sagen und die Hände über dem Kopf zusammenschlagen. Ich kannte die Phrase als Zungenbrecher, der immer wieder gern bei der Schauspiel- oder Sprecherausbildung zum Einsatz kommt. Spricht man den Satz immer schneller, bleibt am Ende eine amorphe akustische Melange, die nach »Ficken, dicke Ficken, Dickicht …« klingt. Also genau das, was das Publikum im Club am Ballermann nach dem fünften Bier intoniert. Brillant! Warum komme ich eigentlich nicht auf so einen Scheiß? Ist eigentlich gar kein Scheiß. Vielleicht sollte ich es einfach auch mal probieren.

Ich warf noch einmal einen Blick zu Tanja, als im selben Moment der etwa siebenjährige Theodor Friedrich, augenscheinlich mit sich selbst Fangen spielend, mir im Vorbeirennen die Illustrierte aus der Hand klatschte und diese zu Boden segelte. Genau vor Tanja Connors Füße, die Seite mit ihrer Story aufgeschlagen. Der kleine Theodor Friedrich war, freundlich formuliert, ein lebhaftes Energiebündel mit einer Mission, die Welt zu erobern. Oder, in meinen momentanen Gedanken, ein kleiner, nerviger, schlecht erzogener Rotzlöffel. Eigentlich ein armer, nerviger, schlecht erzogener Rotzlöffel, denn wie sehr muss man sein Kind hassen, um es Theodor Friedrich zu nennen?

»Theodor Friedrich! Komm jetzt sofort her und setz dich neben deine Schwester. Schau wie brav Leni ist!« Die Worte des entnervten, seinem Erstgeborenen hinterherhechelnden Vaters waren noch nicht verhallt, als die gerade als braves Schwesterlein gepriesene dreijährige Leni mit ihrer zu allen Seiten abstehenden blonden Lockenpracht in die andere Richtung davonlief und dabei über das Handgepäck eines älteren Herrn stolperte, Geheule deluxe inbegriffen. Dass sie bei der Aktion zwischenzeitlich ihre schon auf halb acht sitzende, vollgekackte Windel verlor und diese nunmehr passgenau in den Lauf einer Dame mit weißen, vorne offenen Pumps schleuderte, die keine andere Chance hatte als mitten in das Desaster zu treten, werde ich nicht weiter ausführen. Geschrei deluxe inbegriffen. Wo war noch mal Theodor Friedrich? Vielleicht war er doch gar nicht so schlimm.

Doch zurück zu mir und meinem Magazin vor den Füßen von Tanja. In gefühlter Lichtgeschwindigkeit stürzte ich hin, um es vom Boden aufzuheben, doch Tanja war schneller und drückte mir die Illustrierte in die Hand. »Danke schön, guter Artikel!«, stotterte ich vor ihr kniend hervor. Tanja stammte aus dem Raum Konstanz am Bodensee. Der leichte Schweizer Einfluss in ihrem ausgeprägten Alemannisch war nicht zu überhören.

»Kennen wir uns?« Sie lächelte mich an. Ich war immer noch in meiner gebückten Haltung wie erstarrt. »Nein, ich glaube nicht.«

»Ja hundertpro kenne ich dich. Du bist doch der Schwarzwälder, der immer da mit seinem ›In Germany we don't say‹ rummacht. Wir waren doch mal in derselben Show vor ein paar Jahren.« Sie prustete laut los, sprang auf und umarmte mich. »Das ist ja eine Überraschung!«

Ich wurde metaphorisch gesprochen blass vor Scham, wenn Sie wissen, wie ich das meine. Tanja war laut, sehr laut. Möglicherweise hatte sie auch schon ein Gläschen Prosecco intus. Jedenfalls starrten gefühlt alle wartenden Passagiere im Umkreis von 10 Metern uns an.

»Ja, stimmt, jetzt erinnere ich mich«, antwortete ich so leise ich konnte.

»Haben wir was miteinander gehabt?«, ballerte sie laut lachend weiter in meine Richtung.

»Nein, nein, sicher nicht, daran würde ich mich erinnern«, führte ich peinlich berührt an. Ich hatte das Gefühl, dass nunmehr alle Augen im Raum auf uns gerichtet waren.

»Du bist doch der mit dem großen Ding gewesen, das du allen gezeigt hast.«

Meine Kinnlade kippte leicht nach vorn und mein debilstes Grinsen kam unaufgefordert zum Vorschein. »Ähm, was meinst du? Welches Ding?« Ich hatte keine Ahnung, wovon sie sprach.

»Auf dem Kopf. Dein Monsterohrenteil, diese Riesenkopfhörer.«

Jetzt fiel bei mir der Groschen. »Ah okay, du meinst meine Beats-Kopfhörer. Ja, genau.« Es kam mir vor, als seien um uns herum endgültig alle verstummt und hörten nur noch uns zu. Ich traute mich nicht, in die Runde der wartenden Passagiere zu blicken, hatte urplötzlich diesen Jim-Levenstein-Moment aus dem Film *American Pie*, als er von seinem Vater mit dem warmen Stück Apfelkuchen auf dem Küchentisch erwischt wird. Gerade wollte ich etwas Schlaues von mir geben, um aus diesem schlüpfrigen Thema heil zu entkommen, als ich einmal mehr in meinem Leben das Glück im richtigen Moment auf meiner Seite hatte. Eine körpergewaltige Dame mittleren Alters grätschte aus dem Augenwinkel ins Bild.

»Tanja Connor, das ist ja der Hammer, dass ich Sie hier treffe! Meine Freundin Gisela würde jetzt total durchdrehen. Sie ist ein Riesenfan von Ihnen. Könnte ich vielleicht ein Autogramm haben?« Mit breitem Grinsen zog Tanja ein paar Autogrammkarten aus der Handtasche. »Ja klar. Für Gisela?«

»Ähm, ja, könnte ich vielleicht zwei haben? Eines für Gisela und eines für mich als Erinnerung. Ich bin die Jutta.«

»Natürlich!« Tanja grinste in sich hinein, während sie die beiden Autogramme schrieb. Ich wusste genau, was sie jetzt dachte. 80 Prozent aller Autogrammwünsche klingen immer so: »Kann ich bitte ein Autogramm haben, mein Kumpel ist ein Riesenfan.« Ganz nach dem Motto: »Ich frage nur für einen Freund.« Ich habe oft über dieses Phänomen nachgedacht. Sind sich die Leute zu fein zuzugeben, dass sie selbst Fan sind, oder ist es ihnen peinlich, jemanden in der Öffentlichkeit, von Angesicht zu Angesicht, gut zu finden? Eine andere Theorie, die ich entwickelt habe, lautet, dass die Menschen einfach nichts über sich und ihre Vorlieben preisgeben möchten. Sie wollen einfach nicht, dass man daraus irgendetwas ableiten kann, was sie als Menschen kategorisierbar macht. Dafür verraten sie ihre tiefsten Geheimnisse Google, indem sie irgendetwas in die Suchleiste tippen. Dort kann man pseudo-anonym neben der neuen Tanja-Connor-CD auch noch einen Dildo, ein Brazilian-Haarentfernungsset für die Bikinizone und eine neue Spätzlepresse bestellen.

In diesem Moment kam Bewegung in den Abflug. Die freundliche Dame vom Airline Groundstaff sagte in zwei oder drei Sprachen ihren durch die quäkigen Lautsprecher kaum verständlichen Standardsatz, als urplötzlich lautes, sich näherndes Männergejohle im Hintergrund die Abflughalle flutete und im dichten, undefinierbaren Soundcluster etwas Ähnliches wie ein zerhacktes »Boarding in a few minutes« unter sich begrub.

Dem Gejohle folgte die harte Realität, die reale Körperverletzung. Nicht weniger als 15 Jungs zwischen gerade volljährig und Mitte 40 in magentafarbenen T-Shirts mit dem bedeutungsschwangeren, intellektuell beachtlichen Aufdruck *Spiel mir am Glied bis zum Tod* bogen singend um die Ecke. Es blieb kein Zweifel, dass mein erhofft ruhiger Rückflug gerade gestorben war. Die Jungs waren, wie auf der Rückseite des T-Shirts nachzulesen war, eine Kreisligafußballmannschaft von der Ostalb aus der Nähe von Aalen. Dem T-Shirt war ferner zu entnehmen, dass sie gerade von der untersten Spielklasse, der Kreisliga B, in die Kreisliga A aufgestiegen waren und dieses Jahrhundertereignis wohl ein paar Tage feucht-fröhlich am Ballermann gefeiert hatten. Außer der Liebe zu ihrem eigenen Club hatten sie ganz klar auch ein Faible für das regionale Vorbild, den VfR Aalen. Auf drei wurde der VfR-Song intoniert: »Ja, dr VfR isch mei Verei …«

Um es in ihrer Sprache zu sagen: Die Jungs waren »rabenvoll« oder eben, um weiter in ihrer Sprache zu bleiben, keinesfalls »unterhopft«. Eines waren sie jedoch nicht: aggressiv! Vielmehr gut gelaunt und definitiv laut.

Einen Moment später kam es, wie es kommen musste. Einer der Jungs entdeckte unweit von mir die »Mallebierhalleneinsängerin« Tanja Connor, die sie am Vorabend noch in einem der großen Biertempel abgefeiert hatten. Die Traube bewegte sich in Tanjas Richtung und damit eben auch in meine. Derweil begannen die ersten Passagiere im Hintergrund mit dem Boarding. Ich saß definitiv, wie so manchmal in meinem Leben, auf dem falschen Platz, umzingelt und somit mitgefangen von den 15 Wilden, die lautstark Tanjas neuesten Hit intonierten. Ganz Profi, war sie gleich dabei, sprang auf die Sitzbank, sang und dirigierte die Jungs mit voller Inbrunst. Nach »Dicke Finken« folgte ihr letzter Hit: »Der Feuerwehrmann hat einen Schlauch – den braucht er auch.« Gerade als ich über die Bank klettern und die Flucht ergreifen wollte, packte mich einer der Ostälbler am Arm und schunkelte mit mir, während er den Refrain schmetterte. »Die Alte isch geil, hä?« Er drückte mich an sich und gab mir einen Schmatzer auf die Backe. Als er die Arme wieder zum Himmel streckte, um mitzuklatschen, duckte ich mich unten durch, nutzte die Gunst der Stunde, packte meinen Rucksack und verdrückte mich schleunigst Richtung Boarding-Schalter.

Auf dem Weg zum Flugzeug sah ich im Augenwinkel, wie eine Airline-Mitarbeiterin Tanja und die Ostälbler genervt aufforderte, nunmehr zügig an Bord des Flugzeugs zu gehen, während Tanja gerade noch dabei war, Autogramme auf die T-Shirts über die selten Waschbrett- und meistens eher Waschbärbäuchlein zu schreiben.

Mein Platz befand sich am Fenster im hinteren Teil der Maschine in einer noch freien Dreierreihe. Um mich herum war es glücklicherweise noch ziemlich leer. Als die Ostälbler schließlich die Maschine betraten, dachte wohl jeder andere Passagier das Gleiche wie ich: *Hoffentlich finden sie einen schönen Platz weit weg von mir*. Das Schicksal war auf meiner Seite und meinte es einmal mehr gut mit mir. Die Kreisligahelden fanden ihre Sitzplätze in der Mitte des Flugzeugs auf drei Doppelreihen verteilt. Bingo!

Als das Boarding fast »completed« war, bestieg Tanja unter dem Gegröle der Aalener Horde das Flugzeug und nahm direkt in der ersten Reihe Platz. Dieser Platz ist bei Promis sehr beliebt. Sie steigen als Letzte ein und dürfen als Erste wieder die Maschine verlassen. Promi ist im Zusammenhang mit Tanja zwar ein Begriff, den ich nur ungern verwende, da er in meiner Denke mit wirklich sehr berühmten Menschen in Verbindung zu bringen ist. Aber wo fängt Promi an und wo hört Promi auf? Das soll jeder für sich selbst entscheiden.

»Meine Damen und Herren, im Namen von Kapitän David Kessler und der Besatzung möchten wir Sie noch einmal recht herzlich an Bord begrüßen. Wir möchten Sie nun mit den Sicherheitsvorkehrungen an Bord vertraut machen.«

Während eine der Stewardessen von einer Karte die Sicherheitsinstruktionen über die Bordkommunikation vorlas, standen zwei Kolleginnen zwischen den Sitzreihen und visualisierten, bewaffnet mit der Schließe eines Sitzgurtes und einer Sauerstoffmaske unter dem Arm, pantomimenhaft das verlesene Wort.

»Zuallererst möchten wir Ihnen zeigen, wie Sie Ihren Sicherheitsgurt richtig öffnen und schließen können. Im Falle eines Druckverlustes fallen automatisch Sauerstoffmasken aus der Kabinendecke. In diesem Fall ziehen Sie bitte eine der Masken zu sich heran und drücken Sie die Öffnung fest auf Mund und Nase.«

Klar, die meisten, die öfter in einem Flugzeug sitzen, schauen bei der Vorführung nicht mal hin, wobei ich beobachtete, wie vereinzelte Passagiere dem Vortrag aufmerksam folgten. Manchmal meinte ich zu erkennen, dass sie die Worte mitsprachen und sogar im Ansatz die Bewegungen der Stewardess schemenhaft mitmachten. Diese Menschen nannte ich in meiner Gedankenwelt Dominik, angesiedelt irgendwo zwischen 28 und 36 Jahren. Der heutige Tag war allerdings wieder wie dafür gemacht, meine Klischeemeinung einmal mehr zu überdenken. Wenige Reihen schräg vor mir saß ein Baum von einem Mann: dunkelhäutig, Hip-Hop-Klamotten,

Goldketten, Basecap. Ihn taufte ich innerlich Shaquil. Er war mir schon beim Boarding aufgefallen, was nicht besonders schwer war, überragte er doch den Rest der Passagiere deutlich. Er war auf jeden Fall knapp 2 Meter hoch und auch sehr muskulös, sodass ich mich ernsthaft fragte, wie er in den Sitz passen konnte, der schon mich mit 1,77 Meter Größe einzwängte wie ein Meica-Würstchen in seinem Glas. Shaquil hing an den Lippen der Stewardess. Er verfolgte die Instruktionen wie ein sehr aufmerksames Kind in der Grundschule, das auf den Verhaltenseinser zockte. Ich denke, dass er, der so hart wirkte, einfach nur extreme Flugangst hatte und sich deshalb sehr genau über Fluchtwege und Notfallmaßnahmen informierte. Selbst die Information, dass noch nie ein Passagierflugzeug zwischen Mallorca und Deutschland abgestürzt war, hätte ihn wahrscheinlich nicht signifikant beruhigen können. Nun gut, vielleicht hieß er ja doch Dominik. Das Alter passte auf jeden Fall ziemlich genau.

»Unter jedem Sitz befindet sich eine Schwimmweste. Auf Anweisung der Besatzung ziehen Sie die Schwimmweste über den Kopf. Haken Sie die Gurte wie vorgeführt ein. Ziehen Sie dann die Gurte straff. Unmittelbar nach Verlassen des Flugzeugs ziehen Sie an den roten Griffen, um die Weste aufzublasen. Falls erforderlich, benutzen Sie die roten Mundschläuche.«

Die Purserin fuhr in ihrem Vortrag fort, während ihre Kollegin gerade mit der Schwimmweste hantierte und dabei lächelte. Wie oft habe ich mich gefragt, ob sich die jungen, adrett gestylten Frauen in ihren Arbeitskostümen nicht saublöd dabei vorkamen, vor dem ganzen Flugzeug den Kasper zu machen. Oder die Kasperin. Natürlich war es sinnvoll, noch einmal die Sicherheitsinstruktionen zu verkünden, aber bei manchen Fluglinien passiert das heute in Form eines dafür vorproduzierten Films und nicht live und in Farbe in Form einer Flugbegleiterin. Auf mich wirkt das wie Waldorfschulabsolventen, die ihren Namen tanzen können. Die Flugbegleiterinnen tanzen gewissermaßen die Sicherheitsinstruktionen.

»Meine Damen und Herren, wir bedanken uns für Ihre Aufmerksamkeit und wünschen Ihnen nun einen angenehmen Flug nach Stuttgart.«

Das Flugzeug war während der letzten Sätze bereits losgerollt und bewegte sich gemächlich in Richtung Startbahn. Die Stewardessen begaben sich auf ihre Sitzplätze, die entgegen der Fahrtrichtung angebracht waren und schnallten sich zum Start ebenfalls an. Meine Reihe war zum Glück leer geblieben. Auf der anderen Seite des Gangs saßen zwei Jungs, vielleicht Anfang 20, in kurzen Hosen und Hoodies, die immer mal wieder zu mir herüberschauten und sich sonst über ihre Erfahrungen auf Malle austauschten.

»Die Rothaarige, die war klar eine 9 von 10. Die hätte ich direkt in der Kneipe packen können. Als du auf dem Klo warst, kam die zu mir rüber und hat mir direkt die Zunge in den Hals gesteckt.«

»Laber nicht! Die war mit ihrem Freund da, und du warst voll.«

»Das war nicht ihr Freund. Das war ihr Bruder.«

»Ich hab die Chaya gesehen. Sie war ne 6. Maximal!«

Unterdessen starrte ich auf mein Handy, das genau noch ein Prozent Akku hatte. Mega! Vielleicht hatte die Stewardess eine Powerbank? Außerdem kam es mir so ganz nebenbei durch einen leichten Druck in den unteren Mitten, dass ich vielleicht vor dem Start noch einmal hätte auf die Toilette gehen sollen. Ja, hätte ich! *Also komm, bitte, David Kessler, sei ein guter Pilot, starte endlich und lösch die Anschnallzeichen, auf dass ich meinen Lieblingsort in einem Flugzeug, die Bordtoilette, aufsuchen kann.*

Zum Glück ging alles ganz flott. Der Jet bog auf die in verschiedenen Farben hell markierte Startbahn ein und gab Stoff.

Wenige Sekunden später hoben wir in den Nachthimmel von Mallorca ab. Die Geräusche beim Einfahren des Fahrwerks und der Landeklappen während des Steigflugs waren nicht dazu gemacht, diejenigen, die noch nie oder selten geflogen waren, ernsthaft zu beruhigen. Bestes Beispiel: die beiden Jungs auf der anderen Seite des Gangs. Auf einmal waren sie ganz ruhig geworden, starrten in die Nacht und das monotone Blinken der Positionslampe des Flugzeugs am Ende des Flügels. Beim Durchfliegen der ersten Wolkenschicht und den damit verbundenen leichten Turbulenzen klammerten sie sich an die Sitzlehne, um erst nach Erreichen der Reiseflughöhe wieder in den Coolness-Modus überzugehen.

»Bling!«

Die Anschnallzeichen waren endlich erloschen. Ich sprang auf und schlängelte mich Richtung Bordtoilette. Zum Glück Erster! Warum Glück? Ich hasse alle Arten von öffentlichen Toiletten. Die im Flugzeug gehören mit denen aus Zügen und Reisebussen zu den ekelhaftesten Orten der Erde. Aktuell war die Toilette noch vordergründig sauber. Sobald im Verlauf eines Fluges und vor allem bei weiteren Strecken diverse männliche Zeitgenossen allerdings links und rechts neben die Schüssel gepinkelt haben, wird es verdammt eklig. Ich werde nie verstehen, wie sich manche damit brüsten, dem erlesenen »Mile High Club« auf der Bordtoilette eines Airbus oder einer Boeing beigetreten zu sein – die umgangssprachliche Bezeichnung für diejenigen unter uns, die Sex an Bord eines Flugzeugs hatten. Natürlich während des Flugs. Selbstredend ist das kein echter Club, sondern eben die sich selbst verliehene Auszeichnung für die vollzogene Kopulation an Bord. Und das auf einer dieser abgefuckten Flugzeugtoiletten. Sexy ist anders, zumindest für mich. In einem Privatjet mit Schlafgemach lässt sich über die Sache reden.

Ich beeilte mich, schnell wieder aus dem kleinen Klo zu entkommen, nichts anzufassen und am besten für einige Sekunden die Luft anzuhalten. Als ich fast wieder zurück an meinem Platz war, ungefähr auf Höhe von Hilde und Peter, die schräg vor mir saßen, kam mir eine der Flugbegleiterinnen entgegen. »Entschuldigung, mein Handy ist total leer. Gibt es hier an Bord vielleicht die Möglichkeit, es aufzuladen?«

»Sorry, leider nein! Das Flugzeug ist schon ein paar Tage älter. Wir haben leider keine Lademöglichkeit!«

»Okay, danke!«

Ich setzte mich gerade wieder hin, als einer der beiden Jungs auf der anderen Seite des Gangs zu mir herüberrief: »Ich hab eine Powerbank. Kann ich dir leihen.«

»Oh cool. Das ist ja top!«

Er beugte sich in meine Richtung und gab mir das Energiepaket. »Salli, ich bin de Viktor und das hier isch de Benjamin.«

»Hi, ich bin Cossu!«

»Ja, ich weiß, mir ham dich schon erkannt. In Germany we don't say und so.« Viktor grinste einigermaßen schüchtern, als er das sagte.

»Cool! Und gefällt's euch?«

»Ja, absolut. Isch geil, was du machsch. Ein Freund von uns isch ein mega Fan von dir. Vielleicht könne mir nachher noch am Flughafen ein Selfie mache. Wenn mir ihm des schicke, flippt der komplett aus.«

»Klar, machen wir!«

Da war er wieder, der Klassiker. »Unser Kumpel ist ein Riesenfan.«

Ich lehnte mich zurück und hing etwas meinen Gedanken nach. Der Flug verlief ruhig. Selbst die Ostälbler hatten bis auf zwei, drei unverwüstliche Biervernichtungsmaschinen ihren Frieden gefunden und dösten vor sich hin.

Die Monotonie der Triebwerksgeräusche und die abendliche Uhrzeit trugen das Ihre dazu bei, dass ich fast einschlief.

Meine Gedanken schweiften in Richtung der Hochzeit meiner Freunde Anika und Juan, die in vier Tagen stattfinden würde. Anika kannte ich schon von Kindesbeinen an. Sie war immer sehr selbstbestimmt und in den wenigen Beziehungen, die sie in ihrem Leben hatte, sehr dominant. Nicht ganz so dominant wie die achtbeinige schwarze Witwe, die nach dem Geschlechtsakt ihren Fortpflanzungspartner auffrisst, nachdem er seine Schuldigkeit getan und sie befruchtet hat. Anika war eine sehr coole, lustige und sehr intelligente Frau. Abitur mit Eins, Studium der Bioinformatik mit Eins, Doktortitel, klar, aber das weiß gefühlt niemand außer mir und ihren Eltern, da sie auf solche Namenszusätze nichts gibt. Was uns zum schwierigsten Teil ihrer Persönlichkeit bringt. Sie war anderen Menschen meist so überlegen, dass sie deren Argumente nur dann gelten ließ, wenn sie selbst nichts Fundiertes zu einem bestimmten Thema beitragen konnte, weil sie einfach nichts darüber wusste. Das war allerdings selten der Fall. Sie interessierte sich gefühlt für alles und wollte dann auch alles darüber wissen. Mit ihr zu diskutieren, wenn sie genau wusste, wie etwas läuft oder zu bewerten ist, war sinnfrei und führte eigentlich nur zum Streit, wenn das Gegenüber darauf beharrte, auch eine objektiv falsche Meinung äußern zu dürfen. Zu demjenigen, der das nicht tat, war sie zuckersüß und der liebste Mensch, den man sich nur vorstellen konnte. Für ihre Partner, in den wenigen, genauer gesagt zwei Beziehungen, die sie hatte, war es die Hölle, weil Anika ihre Position im Streit nicht bloß intellektuell, sondern auch sehr emotional und vehement vertrat.

Das alles änderte sich vor drei Jahren in einem einzigen Moment, an dem Tag, als Juan Carlos Lopez da Silva, kurz Juan, in ihr Leben trat. Besser gesagt, sie trat in seins oder noch treffender formuliert: Sie knallte förmlich in sein Leben. Ihr Jeep Wrangler rauschte in das Heck seines kultigen Porsche 911 Carrera 4 Cabrio der Baureihe 993, was nichts anderes bedeutet, als dass sein Fahrzeug einer der letzten luftgekühlten 911er war, die vom Band liefen. Was aber auch bedeutet, dass der Zeitwert des Wagens höher war als der Neuwert. Wie ich von Juan gelernt habe, denn alles, was ich über Autos weiß, ist: Fährt schnell oder fährt nicht schnell! Was dann passierte, war, laut ihren Erzählungen, Magie pur. Juan, ein gut aussehender Katalane in den Vierzigern, stieg aus, beachtete sein Auto überhaupt nicht, ging zu Anika und kümmerte sich sofort um sie.

»Señora, haben Sie sich verletzt?«

Anika war geschockt, aber nicht verletzt. »Nein, nein. Es tut mir sehr leid. Ich habe gepennt. Sorry.«

»Das macht doch nichts. Es ist nur eine Auto. Viel wichtiger ist, dass Ihnen nixe ist passiert.«

Ich war nicht dabei, also kann ich die Situation nur aus den Erzählungen der beiden wiedergeben. Nach dem Unfall hat Juan Anika zum Essen eingeladen und sie gebeten, dass man sich wiedersehen würde. Anika war wie vom Blitz getroffen. Sie erlag dem südländischen Charme des Kunstprofessors aus Barcelona. Er der Künstler, sie die Wissenschaftlerin. Von der ersten Sekunde an war sie hin und weg. Juan hatte ihre Seele berührt und sie ganz offensichtlich seine. Wenn es so was wie ein »Perfect Match« gab, dann dieses. Die beiden waren seelenverwandt bis in die tiefste Pore.

Auch die Hochzeit würde etwas ganz Besonderes werden. Atypisch sollte sie am Montag stattfinden, in einem kleinen Schlösschen in einem Stadtteil von Stuttgart, zu dem der Standesbeamte extra anreisen musste. Danach würde das Paar sofort zum Flughafen gebracht und in die Südsee für die vierwöchigen Flitterwochen abreisen. Aber nicht nur die Hochzeit an sich würde speziell sein, auch die Trauringe, die ich vorhin in Palma abgeholt hatte, waren absolut außergewöhnlich. Juan hatte sie designt, und Jessie, die nach Mallorca ausgewanderte Goldschmiedin, hatte sie in Handarbeit hergestellt. Sie waren nicht wie die meisten Trauringe aus Gold, sondern aus dem sehr seltenen Metall Osmium. Tausendfünfhundertfach rarer als Gold und die Oberflächenstruktur einzigartiger als ein Fingerabdruck. Diese beiden Ringe waren also in vielerlei Hinsicht sehr wertvolle Unikate für einen einzigartigen Anlass. Eine große Aufgabe für mich, da ich doch im Leben schon ab und an Dinge verloren hatte und meine Freunde mich grundsätzlich nicht als den zuverlässigsten Menschen kannten. Sagen wir, wie es ist: Ich bin oft total verpeilt, aber Anika hält nun mal große Stücke auf mich. Wir waren schon immer sehr enge Freunde. Man könnte denken, ich hätte mal was mit ihr gehabt. Dem war aber nicht so. Ich bin einer der wenigen, die behaupten, dass Männer und Frauen wirklich miteinander befreundet sein können, ohne dass da was läuft.

30 Minuten später rüttelte mich der Kapitän vor der Landung mit einer Durchsage aus meinem Dämmerzustand. »Wir werden in zehn Minuten den Landeanflug auf Stuttgart beginnen. Das Wetter vor Ort ist warm und aktuell regnerisch. Wir gehen davon aus, dass wir pünktlich in Stuttgart landen werden.« *Regnerisch, na toll,* dachte ich bei mir. Zehn Tage Sonne und mediterranes Klima und jetzt wieder zurück in den von mir ungeliebten deutschen Regen. Aber wie mein ehemaliger Grundschullehrer Herr Schwer wahrscheinlich sagen würde: »Es gibt kein schlechtes Wetter, nur schlechte Kleidung.«

Zehn Minuten später meldete sich das Kabinenpersonal. »Meine Damen und Herren, wir beginnen nun mit unserem Landeanflug auf Stuttgart. Wir bitten Sie, sich wieder hinzusetzen und sich anzuschnallen. Bitte schalten Sie auch alle elektronischen Geräte aus, stellen Ihren Sitz senkrecht und klappen den Tisch vor sich wieder hoch. Danke!«

Ich war froh, dass wir in wenigen Minuten wieder festen Boden unter den Füßen haben würden. Nicht weil ich Angst vor dem Fliegen hatte, vielmehr war ich einfach müde. Den ganzen

Tag hatte ich auf Erkundungstour durch Palma verbracht, bevor ich mich auf den Weg zum Flughafen machte. Ich streckte mich, als sich der Kapitän wenige Minuten vor dem Aufsetzen noch einmal zu Wort meldete. »Liebe Passagiere, ich habe schlechte Nachrichten. Eine Gewitterzelle befindet sich genau über dem Flughafen Stuttgart. Im Moment ist der Flughafen gesperrt und eine Landung ist aktuell nicht möglich. Wir werden nunmehr auf eine Warteschleife geschickt, in der Hoffnung, dass das Wetter sich in den nächsten Minuten verbessert und eine Landung möglich macht.«

Im Flugzeug wurde es unruhiger. Spannung lag in der Luft. Die Menschen murmelten, diskutierten. Die eher Flugerfahrenen, zu denen auch ich mich zählte, wollten einfach nur nach Hause und waren genervt von dieser Verzögerung kurz vor dem Ziel, den anderen stand der Angstschweiß auf der Stirn. So auch unserem Rentnerpärchen Hilde und Peter. Hilde klammerte sich so fest an Peters Hand, wie sie es wahrscheinlich seit ihrer Hochzeit vor 40 Jahren nicht mehr getan hatte. Peters Gesichtsausdruck war versteinert.

Zu den wenigen Menschen an Bord, die extrem entspannt waren, zählten die Fußballer der Ostalb. Sie nüchterten gerade leicht aus und hatten wohl noch nicht in Gänze verstanden, dass wir ein paar Ehrenrunden drehen würden.

Während wir auf unserer Warteposition kreisten, beobachtete ich aus dem Seitenfenster, wie der Himmel in der Ferne durch eine Blitzserie immer wieder knallhell wurde und kurz abdunkelte, um einen Moment später die nächste kurzrhythmige Salve abzuschießen. Ein Wetterschauspiel der besonderen Art fand in diesem Moment am Himmel über Stuttgart statt.

Fünf Minuten später kam die Ernüchterung in Form der Stimme des Kapitäns. »Liebe Passagiere, wir haben ein Problem ...«

Ich zuckte kurz. Ein Problem? Im aeronautischen Zusammenhang kannte ich nur die Phrase »Houston, wir haben ein Problem« aus den Berichten der Apollo-13-Mission. Diese wurde jedoch zeitlebens falsch wiedergegeben. Eigentlich sagte der Astronaut John »Jack« Swigert damals über Funk: »Houston, wir haben gerade ein Problem gehabt.« Das klingt schon besser, weil das Problem bereits gelöst war, als sie sprachen. Unser Pilot schien allerdings wirklich ein noch ungelöstes Problem zu meinen. »Wir werden heute Abend bedauerlicherweise leider nicht mehr in Stuttgart landen können, da sich die Gewitterzelle über dem Flughafen hartnäckig hält und wir mit Blick auf unsere Spritreserven wie auch das Nachtflugverbot auf den Flughafen Leipzig ausweichen müssen. Wir haben bereits Kurs auf Leipzig genommen und werden dort in circa 25 Minuten landen. Wir bedauern diese Umstände, aber die Sicherheit aller Passagiere geht vor. Eine Landung in Stuttgart war durch höhere Gewalt nicht möglich. Unser Bodenpersonal wird sich nach der Landung um Sie kümmern und Ihnen Details zur Weiterreise nach Stuttgart nennen. Wir bedauern noch einmal die Unannehmlichkeiten.«

*

Es war fast Mitternacht, als wir am Flughafen Leipzig/Halle aufsetzten. Na großartig. Gestrandet in Leipzig. Noch lieber wäre ich jetzt nur noch an der Müllverbrennungsanlage in Bitterfeld oder im Klärwerk von Schwerte-Ergste.

In der Maschine breitete sich unterdessen hektische Betriebsamkeit aus. Alle redeten aufgeregt durcheinander. Die Älbler überlegten leicht übernächtigt und verkatert, wie sie ihrem persönlichen Desaster der Unterhopfung entkommen konnten. Sie beruhigten sich damit, dass es schließlich auch in Leipzig Bier gebe.

Die anderen Passagiere diskutierten kreuz und quer über den Gang, wie es denn jetzt weitergehen könnte. Obwohl das Flugzeug gerade auf dem Taxi-Way Richtung Gate rollte, beschlossen manche Superhektiker, schon aufzuspringen, um ihr Handgepäck aus den Ablagefächern zu befreien. Ich dachte mir: *Was zum Teufel macht ihr da? Habt ihr einen Anschlussflug gebucht oder warum habt ihr es so eilig? Mann, wir sind f... gestrandet.* Die harsche Durchsage der Purserin, »setzen Sie sich bitte hin und bleiben angeschnallt, bis wir unsere Parkposition erreicht haben«, interessierte nicht alle. Sie wiederholte die Durchsage noch zweimal, bis auch der letzte Volltrottel wieder Platz genommen hatte. War das auch wieder so ein deutsches Phänomen, nicht der Letzte sein zu wollen? Oder hatten manche Angst, dass irgendjemand anderes ihr Handgepäck nehmen könnte?

Nach für die meisten Passagiere endlos scheinenden weiteren drei Minuten, dockte der Jet am Finger des Flughafens an und die Anschnallzeichen erloschen. Nahezu alle außer den Fußballern, die mir minütlich sympathischer wurden, und mir, sprangen aus ihren Sitzen und rissen die Gepäckfächer auf, um dann wie Sardinen auf dem Gang zu stehen und darauf zu warten, dass sich die Flugzeugtür öffnete und das Personal das Zeichen zum Ausstieg gab.

Ich war einfach nur genervt, hatte ich mich doch schon auf mein Bett gefreut. Dieses stand jetzt Luftlinie rund 360 Kilometer von meiner aktuellen Position entfernt. Mit dem Auto waren es sogar fast 100 Kilometer mehr.

Der Innenraum des Flugzeugs leerte sich nach und nach. Manche diskutierten am Ausstieg mit der Stewardess, was jetzt zu tun sei. Diese verwies sie freundlich auf das Bodenpersonal. Andere fluchten vor sich hin, manche beschimpften sogar die junge Dame der Flightcrew, die so gar nichts für diese Situation konnte: »Das ist immer das Gleiche. Wir haben einen Flug nach

Stuttgart und nicht nach Leipzig gebucht. Was ist das Problem? Wir können doch sitzen bleiben und fliegen in ein paar Minuten nach Stuttgart zurück!«

Die junge Stewardess bemühte sich, freundlich zu bleiben. »Es tut mir leid, ich kann da leider nichts machen. Bitte sprechen Sie mit unseren Kollegen im Flughafen. Ich bin sicher, die werden eine gute Lösung für Sie finden.«

Ein Wahnsinn, was hier gerade abging. Ich verabschiedete mich höflich beim Verlassen des Flugzeugs und schlenderte, den Rucksack über der rechten Schulter, den Menschen hinterher in Richtung Ankunftshalle.

»Hey Cossu, können wir noch ein Selfie machen? Du weißt schon, für unseren Kumpel.« Die beiden Youngster, die mir im Flugzeug ihre Powerbank geliehen hatten, tauchten neben mir auf.

»Klar!«

Sie nahmen mich in ihre Mitte. »Danke, Mann. Unser Kumpel Mario wird komplett ausflippen.«

»Wo seid ihr eigentlich her?«

»Aus deiner Ecke, in der Nähe von Freiburg«, erklärte Julian.

»Habe ich mir schon gedacht.«

Ich zeigte ihnen Daumen hoch, während wir weiterliefen.

Der Flughafen war wie ausgestorben. Endlose Weiten zwischen den Gates, aber kein Lebewesen. Man schleuste uns in Richtung Gepäckband, wo eine Leipziger Airline-Mitarbeiterin namens Mandy Warneke inmitten der Menschentraube der Passagiere meines Fluges stand und um Ruhe bat. Alle quasselten aufgeregt durcheinander. Die Situation erinnerte mich an die Szenen, die man aus Filmen kennt, wenn die Aktienhändler an der Börse wild durcheinanderbrüllen, um ihr Gebot abzugeben.

Mandys Namensschild prangte über ihrem freizügigen Dekolleté. Sie war vielleicht Ende 30 und mit ihren blonden Locken eine außerordentlich hübsche und gepflegte Erscheinung.

Ganz ehrlich, Mandy wirkte wie eine Fitnesstrainerin aus diesen Aerobic-Videos. Den tiefen Teller hatte sie möglicherweise nicht erfunden, aber das musste sie bei ihrem Aussehen auch nicht unbedingt. Meine Freunde von der Ostalb musterten sie mit offenem Mund. Ich hörte nur ein paar Wortfetzen, die einer der Jungs zu seinem Kumpel sagte. »Hasch die Gottesglocke gsehe? Do dät i au mol mei Schlange beschwöre.«

Au Mann, was für ein dumpfes Männergelaber, dachte ich mir. Wenn Mandy einen von euch daten würde, wäre eure Schlange maximal noch ein Regenwurm mit Erektionsstörungen.

Apropos Erektionsstörungen: Es gibt Männer, die im wörtlichen Sinne keinen mehr hochbekommen, wenn das von ihnen auserwählte Alphaweibchen mit starkem Akzent spricht. Bei mir ist das nicht so. Ich liebte immer schon Dialekte.

In tiefstem Sächsisch begann Mandy, die Situation zu erklären. Sie sprach einen Slang, der wahrscheinlich nur in der Straße, in der sie aufgewachsen war, gepflegt und vollständig verstanden wurde. Dennoch, ich fand sie sexy, auch wenn ich nicht alles verstand. Sie wirkte wie eine sächsische Göttin, die vom Himmel herabgestiegen war, um mir dabei zu helfen, nach Stuttgart zu kommen.

Was ich von Mandy definitiv verstanden hatte, war, dass der nächste Flug erst am kommenden Tag nachmittags um 16 Uhr nach Stuttgart abfliegen würde. Großes Kino. Ich war gedanklich gerade dabei, mir eigenständig eine Zugverbindung herauszusuchen, als Mandy weiter ausführte: »De Fluggesellschaft üwwernimmt sepferständsch de Kostn fier de Übernachtung in Leipzsch un den Transfer ins Hotel un zorick. Die ändere Möglischkeet fier alle, die fix nach Stuttgart missen: Mir hom en Bus, der in nor hölbn Stünde Rischtung Stuttgart losfahrn tut. Wer do mitfahrn will, stellt sisch bitte räschts vun mir uff. Die, die bis morn in Leipzsch bleibn wulln, stellen sich bitte links vun mir uff.«

Ich musste nicht lange überlegen, ich war klar ein »Räschts vun ihr«-Typ. Mit mir die Fußballjungs, Hilde und Peter und noch etwa zehn weitere Passagiere. Der Rest inklusive des Papas mit seinen beiden energetischen Zöglingen, dem Unternehmer-Ehepaar und auch Tanja Connor zogen es vor, die Nacht in Leipzig zu verbringen.

Als Mandy für eine Sekunde von keinem der anderen Passagiere belagert oder beschimpft wurde, ergriff ich die Gunst der Stunde.

»Entschuldigen Sie bitte, nur noch eine Frage, wie das mit dem Gepäck läuft. Wird das automatisch nach Stuttgart weitergeleitet?«

Mandy lächelte freundlich. »Die Sachen sin abelodt und stiehn dofier nebnm Gepäckband. De müsstn Sie abr selbscht mit zum Bus nehm.« Von ihrem Anblick abgelenkt und etwas unkonzentriert, hatte ich aus ihrer Antwort kurzfristig nur die Wörter Sachen und Gepäckband entnommen.

»Ähm, was?«

Mandy grinste und wiederholte ihren Satz. Ganz verstanden hatte ich sie immer noch nicht, aber ich wollte jetzt nicht noch einmal nachfragen. »Danke schön.«

Ich nahm ihr Lächeln mit auf den Weg, der Passagierhorde hinterher zum Gepäckband, als Tanja plötzlich neben mir lief.

»Hey, warum bleibst du nicht in Leipzig? Wir machen noch einen drauf. Freunde von mir haben hier eine Kneipe.«

»Das würde ich viel lieber machen, als jetzt mit dem Bus nach Stuttgart zu fahren, aber ich habe morgen früh um zehn einen wichtigen Termin. Sorry, das nächste Mal.«

Eine Notlüge in Ehren kann keiner verwehren.

»Schade, aber wir sehen uns sicher bald mal wieder bei irgendeiner Fernsehshow, dann holen wir das nach.«

Ich grinste zustimmend. Tanja, die nunmehr sichtlich angeschickert war, fiel mir zum Abschied um den Hals, drückte mir einen Schmatzer auf die Wange und zog ihren Trolley Richtung Ausgang. Viktor und Benjamin, die vor uns liefen, hatten alles mitbekommen.

»Bisch du eigentlich schwul?«

Viktor und Benjamin lachten sich über ihren Spruch kaputt.

»Nein, definitiv nicht.«

»Dann bisch du doof. Hasch du net gmerkt, dass die Alte mit dir richtig Rambazamba mache wollt?«

»Doch, aber ich habe eine Freundin.«

Die beiden Jungs rollten mit den Augen.

»Hör mal zu, was in Leipzig passiert, bleibt in Leipzig.«

»Nee, nee, lasst mal, alles gut, Jungs.«

Kopfschüttelnd liefen die beiden weiter, und ich hörte nur noch, wie einer der beiden sagte: »Ey, der isch hundertpro schwul.«

II.

Es war etwa 0.30 Uhr, als wir vor das Flughafengebäude traten, wo der angekündigte Bus schon auf uns wartete. Nicht das neueste Modell. Ich schätzte, er hatte sicherlich zehn Jahre auf dem Buckel. Zwei der Älbler, die in meiner unmittelbaren Nähe standen und gerade ihr Nikotindefizit ausglichen, unterhielten sich über das Gefährt. Der ältere der beiden, ein etwa 45-jähriger Zeitgenosse, der Halbglatze zu seinem Magenta-T-Shirt trug und wohl Trainer der Aufstiegsmannschaft war, schien im Hauptberuf Busfahrer zu sein und attestierte, dass das Modell sicher schon 15 Jahre alt sein müsste. »Mir hen au mol so en Bus bei uns ghet. Den hat mei Schäf aber vor fünf Johr sicher scho verklopft. Kriegsch ja nix mehr für die Karre. Die gehe alle nach Afrika oder so.«

In einem Reflex schaute er kurz zu mir, als ob ihm die Afrika-Bemerkung vor mir peinlich sein müsste. Musste sie nicht. Hautfarbe ist eine Sache, aber welcher Bus wohin verkauft wird oder nicht, sind wirtschaftliche Aspekte, kein Rassismus-Thema.

Na gut, dann wusste ich jetzt auch, wie alt die Möhre war, aber ehrlicherweise interessiert mich bei Bussen nur, wann sie abfahren. Ich war nie ein Fan von Busreisen, aber jahrelang in einem sogenannten Nightliner unterwegs, mit dem Künstler und die ganze Entourage auf einer Tournee durchs Land chauffiert werden. Das spart meist das Hotel, da der Bus mit Schlafpritschen ausgestattet ist und über Nacht zum nächsten Auftrittsort weiterfährt. Irgendwann hast du es aber auch satt, jede Nacht im Bus zu pennen. Heute sollte wohl nach langer Zeit wieder eine dieser

Nächte werden, wobei man sich im Nightliner einer Sache sicher sein konnte: Der Kühlschrank war immer voll mit Bier. Das dürfte heute nicht so sein. Schlecht, denn in dieser Sache bin ich typisch deutsch. Ich liebe Bier. Oder wie es in einem berühmten YouTube-Video von einem schwäbischen, älteren Herrn heißt: »… und ein Bierdurscht isch halt was Herrliches.«

Ein Königreich für einen Nightliner!

»Sinn dos jetzt alle? Oddr fehlt noch eener, dr noch Stuttgart will?« René, unser Busfahrer, ranzte die inzwischen vor dem Bus wartende Reisegruppe in sächsischem Kasernenton an.

»Das weiß nur der liebe Gott und die Mitarbeiterin von der Fluglinie«, antwortete einer meiner Mitreisenden, ein älterer, gut gekleideter Mann mit einer Zeitung unter dem Arm.

»Hab ich jelacht?«, erwiderte René rüde. »Aber ist mir scheißegol, ich mach jetzte los.«

Wir schauten uns alle nur irritiert an. Auch die Ostalb-Clique machte der Ton unseres Fahrers einigermaßen sprachlos. René war um die 60, klein, kurz geschorene Haare, drahtig und durchgeladen mit Scheißlaune. Mit einem Ruck öffnete er die Gepäckladeluken. »Hier unten rein! Packt eure Sachen wech, dann könn wa endlisch los!«

Hilde und Peter standen als Erste in der Reihe. Sie stellten ihren mittelgroßen Hartschalenkoffer neben René. Der sah sie herablassend an und giftete: »Einladen hab isch gesagt. Ich kann ni schwer heben, habs an der Bandscheibe.«

Peter versuchte, den Koffer in den Bus zu wuchten, was ihm sichtlich schwerfiel. Ich zögerte nicht lange, sprang ihm kurzfristig zur Seite und hob den Koffer in die Gepäckkatakomben des Fahrzeugs. René schaute mich mit finsterem Blick an. »Mach keen Kratzer ins Auto, klar? Verstehst du misch überhaupt?«

Für solche Situationen habe ich in meinem Leben ein Repertoire an Kontern angesammelt. Meine Top 3:

1. Imitation eines afrikanischen Akzents in brüchigem Deutsch, gespickt mit dem ein oder anderen Klicklaut.

2. Imitation des Dialekts meines Gegenübers.

3. In meinem Heimatdialekt antworten.

Ich entschied mich für Drittens, eine Entgegnung in breitestem Badisch. Zu diesem Ergebnis kam ich mithilfe des Ausschlussverfahrens. Punkt 2 fiel weg, da ich nicht wollte, dass er sich von mir verarscht fühlt, was die Situation wahrscheinlich unnötig aufgeheizt hätte. Den Afrikaner zu mimen, hielt ich an der Stelle auch für unangebracht, da ich sein Klischee nicht bedienen wollte.

Also antwortete ich: »Ha sell glaubsch aber. Ihr Dialekt klingt zwar, als däde Sie versuche, a Blooder ussem Hals z'drugge, aber verstonde dun ich sie ännewäg. Un noch a Grazer an sellem Ranzbock däd eh nid uffalle. Also schwätz mer kei Roscht ans Mofa.«

»Was denn für en Mofa?«

»Ich mein, du sollsch mr kei Veschper in de Rucksack schwätze.« Heißt: Er soll keinen Müll erzählen.

»Hier unten kommen nur Koffer rein, keine Rucksäcke. Und Mofas schon mal gar ni.«

»So, also wer versteht hier wen nicht?«

Ich warf ihm einen extra freundlichen Blick zu und hob meinen Koffer ebenfalls gleich in den Bus.

»Des isch sehr net. Dankschee!«

Hilde und Peter nickten freundlich. Für ihre eher »bruddelige« Natur, wie der Schwabe sagt, war das fast ein Feuerwerk der Emotion, lautet der schwäbische Leitsatz doch: »Ned geschimpft isch globt gnug.«

Nach ein paar Minuten und einigen weiteren schlecht gelaunten Sprüchen von René bestiegen wir den schon deutlich abgewohnten Reisebus. Ich verzog mich nach hinten in die vorletzte Reihe. Der Bus war nur etwa halb voll, sodass jeder einen Zweisitzer für sich hatte.

Die Ostälbler Fußballtruppe versammelte sich ebenfalls im hinteren Teil des Busses. Sie waren mir inzwischen noch die liebsten anwesenden Zeitgenossen, zumal ihr Akku auch deutlich im roten Bereich war und die meisten von ihnen sich gerade noch an Bord schleppen konnten, wo sie augenblicklich ohne weiteres Bier in tiefen Schlaf fielen.

René schaltete die Innenbeleuchtung aus und startete den Motor. Harsch sächselte er ohne weitere Begrüßung die Hard Facts der Reise in sein Mikrofon. »Anschnallen! Die Fahrt zum Stuttgarter Flughafen dauert ungefähr sieben Stunden. Müll kommt in den Mülleimer, Füße nicht auf die Sitze.«

Ich konnte es von meiner Position aus nicht sehen, hörte aber noch ein leises Fluchen aus Richtung des Fahrersitzes. »Scheiße!« Offensichtlich hatte René durch eigenes Verschulden einen Schluck heißen Kaffee über die Hand geleert. Tja, Karma is a bitch, wie man so schön im neudeutschen Volksmund formuliert.

Nach nur wenigen Minuten Fahrzeit bogen wir auf die Autobahn A9 Richtung Süden ein. Ich stellte meine Sitzlehne etwas nach hinten und atmete durch. Sieben Stunden, das überlebte ich auch noch. Dann erst mal duschen und schlafen und auf was ich mich am meisten freute: ein gutes, ehrliches, deutsches Brot, bekommt man im Ausland doch meist nur minderwertige Backwaren. Brot können wir Deutschen einfach. Ein Lob auf das deutsche Bäckerhandwerk. Ich träumte weiter und merkte, wie mein Magen knurrte. Was würde ich wohl auf das Brot schmieren? Honig? Hmm! Feine Leberwurst? Mir lief das Wasser im Mund zusammen. Im Kopf ging ich meine Schränke durch: Nutella! Wow, deutsches Brot und schön fett Nutella drauf. Natürlich ohne Butter, auch wenn ich weiß, dass dieses Thema eine riesige Diskussion in jeder Gruppe auslöst. Und wenn wir schon dabei sind: Orangensaft ohne Fruchtfleisch. Und selbstverständlich kommt erst das Müsli und dann die Milch in die

Schüssel. Wie komisch muss man sein, wenn man erst die Milch rein macht? Schließlich richtet sich die Menge der Milch ja nach der Menge des Müslis und nicht andersherum. Man gibt ja auch nicht erst die Tomatensoße in den Teller und dann die Nudeln drauf. Allein der Gedanke, dass Leute das anders machen, regte mich auf. Bevor ich mich weiter in das Thema hineinsteigerte, griff ich nach meinem Smartphone, um auf andere Gedanken zu kommen. Ich tippte eine kurze Textnachricht an Oliver, meinen Mitbewohner. Obwohl, eigentlich bin ich eher sein Mitbewohner. Um es kurz zu machen: Wir kennen uns seit vielen Jahren, und als ich mich vor ein paar Wochen von Laura trennte, nahm er mich bei sich auf. Sie behielt die Wohnung, ich meinen Koffer und die zwei Sporttaschen mit Habseligkeiten. Das halbe Bett, den halben Schrank, den Fernseher und die Waschmaschine habe ich ihr auch dagelassen. Und den ganzen Nippes sowieso.

Im Moment bin ich völlig fein mit der Wohnlösung bei Oliver. Er ist ein Verrückter, beruflich ein erfolgreicher DJ und Lebemann. Wie man so sagt, wenn jemand genug Kohle hat und den schönen Dingen des Lebens zugeneigt ist. So auch den Frauen. Oliver ist knapp zehn Jahre älter als ich, aber im Herzen noch ein Teenager. Er stammt ursprünglich aus Frankfurt, was unüberhörbar ist, aber supercharmant klingt. Durch ihn habe ich in den letzten vier Wochen mehr Frauen kennengelernt als die gesamten fünf Jahre davor. Kunststück, ich war ja in einer Beziehung, aber früher habe ich die Mädels im Club, auf Partys oder eben auch im Job getroffen. Seit ich bei Oliver wohne, lerne ich sie am Frühstückstisch kennen, meist so gegen 14 Uhr. Oliver ist ein absolut korrekter Junge, ein wirklich guter Freund. Zugegebenermaßen nicht der Zuverlässigste, aber das ist nicht böse gemeint. Am Ende kann man sich immer auf ihn verlassen, nur zwischendurch vergisst er ab und zu mal eine Absprache. Bei all meinen Jugendfreunden hatte auch ich vielleicht mal den Ruf, etwas verbummelt zu sein, aber im Vergleich mit Oliver war ich eher eine Schweizer Präzisionsuhr. Sein Vater, der leider schon vor ein paar Jahren gestorben ist, war ein bekannter Architekt und ebenfalls ein bekennender Lebemann. Er vererbte Oliver einen großen Sack voll Geld und ein paar Immobilien. So auch die große Altbauwohnung im Herzen Stuttgarts, ein Prunkstück, das heute in der Landeshauptstadt kaum noch zu bezahlen wäre.

Als ich mit Oliver darüber sprach, dass Laura und ich uns trennen werden, bot er mir spontan an, dass ich bei ihm wohnen könne. Ich schlug sofort ein und für mich war sonnenklar, dass ich während der Dauer meines Aufenthaltes die Hälfte der Miete übernehme. Er lehnte grinsend ab und fügte in seinem unnachahmlichen Frankfurter Charme an: »Die Bude gehört mir. Was willst'n du mir für Geld gebe hieä? Du bist mein Freund. Du kannst hier so lange bleibe, wie du willst.« Oliver bestärkte mich auch, dass ich Laura verlassen sollte. »Des is a netts Mädsche, aber ihr passt leider ned zusamme. Die will Sicherheit, a Häuschje, a paar Kinner, weil ma des hier ebe so macht. Des bist du net, Kollesch.«

Recht hatte er, aber das ist manchmal eben leichter gesagt als getan. Schließlich habe ich es durchgezogen, und tatsächlich ist es für beide von uns besser, wie es jetzt ist. In den ersten paar Tagen vermisst man zwar die Vertrautheit, die eigentlich langweilige Routine, die man immer gehasst hat. Zwei Wochen später fühlte es sich schon viel besser an, und heute bin ich wirklich froh, es getan zu haben.

Inzwischen waren wir schon etwa eine halbe Stunde gefahren. Ich blätterte in meinem Malle-Magazin, und eigentlich hätte ich gern ein paar Minuten geschlafen, doch immer, wenn ich kurz vorm Eindösen war, begann der Ostälbler in der Sitzreihe vor mir, den Rest des Regenwaldes wegzusägen. Er schnarchte so erbärmlich, dass ich zu dem Mittel griff, welches meistens funktioniert, wenn auch nur kurzfristig. Ich gab ihm von hinten einen leichten Schubser, was im Normalfall dazu führt, dass er zwar nicht aufwacht, aber unterbewusst kurz innehält. Das gelang, aber eben nicht nachhaltig. Einige Minuten später war alles wieder beim Alten. Egal, kleine Fische. Einfach Ohrstöpsel in die Gehörgänge und die Playlist *a Muckeseggele* etwas lauter stellen.

Ich dämmerte ein paar Takte Kool Savas lang vor mich hin und schlief schließlich ein. Acht Minuten später, es fühlte sich an wie ein einziger Wimpernschlag, zuckte ich zusammen und wachte augenblicklich wieder auf. Mein iPhone vibrierte lautlos. Ich erschrak zu Tode, und dadurch rutschte es mir aus der offenen Hand und verschwand in der Spalte zwischen Sitz und Busfenster. Nachdem ich nur im Minutenbereich eingeschlafen war und gerade gefühlt durch einen Zeittunnel zurück auf die Erde geschossen wurde, brüllte mir Kool Savas in die Ohren. Ich rang nach Luft, riss mir die Airpods raus, atmete tief durch und versuchte, meinen Puls wieder runterzufahren. Gleichzeitig begann ich, in meiner Sitzreihe kniend, kriechend und fummelnd mein Smartphone aus der fiesen Notlage zu befreien. Ein wenig mehr Licht hätte deutlich geholfen. Die Taschenlampe allerdings, die ich in einem solchen Fall benutzt hätte, war eine Funktion meines Smartphones. Ich versuchte also, mein in die Tiefen des Bussitzes abgerutschtes Kommunikationsgerät durch Ertasten aufzuspüren und zu bergen. Irgendwie gelang es mir, mithilfe von zwei Fingern das Telefon Millimeter für Millimeter in Richtung Oberfläche zu befördern. Genau als ich die Hand fast am Gerät hatte und es greifen konnte, vibrierte es erneut. Ich zuckte zusammen, und ich denke, es braucht keine weitere Beschreibung: Das Handy rutschte zurück in seine missliche Ausgangsposition.

Wenige Minuten später war mein zweiter Anlauf der Bergungsaktion schließlich erfolgreich.

Oliver hatte zweimal angerufen und eine Sprachnachricht hinterlassen: »Gude Cossu, isch hab die Nachricht bekomme. Alles gut. Isch bin beim Gig. Dann seh me uns morje beim Frühstück. Alla hopp.«

Ich verstaute mein Telefon sicher in meinem Rucksack, damit es nicht wieder in den Schlund fallen konnte. Obwohl ich total übermüdet war, bekam ich kein Auge zu.

Mein Magen rebellierte, und so sehr ich den Ort der Hölle in Flugzeugen, Bussen und Zügen hasste, war jetzt der Moment, darüber hinwegzusehen. Ich tastete mich durch die Sitzreihen bis zur Bustoilette, doch auch wenn der Wille bekanntlich Berge versetzen kann, kriegt er offenbar keine Bustoilettentür geöffnet. Mir blieb nur der Weg zu unserem übel gelaunten Fahrer. Ich hangelte mich vor zu René und räusperte mich. »Entschuldigung, die Toilette ist abgeschlossen. Haben Sie einen Schlüssel, oder …?«

René deutete wortlos auf ein Schild, das neben ihm auf dem Cockpit montiert war. *Während der Fahrt nicht mit dem Fahrer sprechen.*

»Ich kann lesen, aber ich muss dringend auf die Toilette.«

René reagierte nicht. Hilde und Peter, die in den ersten Reihen saßen, sprangen mir unerwartet zur Seite.

»Halte Sie bitte bei der nächschte Raschtstätte an. Mir fahre seit zwei Stunde und mir däde mal brunse müsse.«

Brunse, was für ein schönes Synonym fürs Pinkeln. Es erinnerte mich an meine Heimat. Auch im Badischen verwenden wir dieses Wort oder die Redewendung »a Rolli mache«, was dasselbe bedeutet. Schwäbisch und Alemannisch sind sich sowieso nicht unähnlich. So sehr Badener und Schwaben stets darauf bedacht sind, ihre Unterschiede hervorzuheben, gibt es, wenn man ehrlich ist, sehr große Ähnlichkeiten und das nicht nur in der Sprache.

»In zehn Minüten kömmt ne Raststätte«, knurrte René.

Ich nickte Peter dankend zu.

»Isch doch klar. Des isch jo unverschämt hier.«

Wenige Minuten später kam der Bus auf der Raststätte zum Stehen. Es war nunmehr etwa 2 Uhr nachts. Außer jeder Menge Lkws, deren Fahrer hier übernachteten, war der Rasthof wie ausgestorben. Ich warf mir meine Baseballstyle-Collegejacke über und verließ wie nahezu alle Passagiere den Bus. Das Gebäude und damit die Toilette waren kaum mehr als 150 Meter von unserem Parkplatz entfernt. Deutlich zu weit für einen müden Ostälbler mit Schlagseite. Die Jungs urinierten auf eine Wiese in Wurfdistanz zum Bus und rauchten dabei erst mal eine Zigarette. »Mei Alte hat scho drei mol angrufe. Die hot gmoint, i verrasch se, und hot net glaubt, dass der Flieger nach Leipzig gfloge isch. So a blede Kua. I kennt grad wieda zrickfliega.« Sein Kumpel beruhigte ihn. »I glaub, du bisch deutlich unterhopft. I hol mol a paar Kolbe an der Tanke.«

Ich beeilte mich unterdessen, schnellstmöglich die Toiletten zu erreichen, grummelte es inzwischen doch sehr deutlich in meinem Verdauungsorgan.

Klar, was jetzt kam. Ich stand vor der Schleuse zur Toilette und kramte in meiner Hosentasche nach irgendeiner Form von Geld. Einen Euro wollte die gierige Kiste. Dafür spendierte sie einen Verzehrgutschein, den ich noch nie eingelöst hatte. Als ich in meiner Verzweiflung gerade schon unter der Schleuse durchkriechen wollte, kam Peter aus der Toilette. »Brauchet Sie en Euro?«

»Ja bitte, das wäre sehr nett. Ich gebe es Ihnen nachher gleich zurück.« Ich erwartete ein »Passt schon«, vergaß allerdings, mit wem ich es zu tun hatte: Peter aus Schorndorf. »Ha, des will ich moine. Des wäre früher zwei Mark gwäse. Wisset Sie, was mer dafür mol kriekt het?«

Da war sie wieder, die Umrechnung in die gute alte Mark, mit der doch früher alles besser gewesen war.

»Ne was denn? «, fragte ich fast schon zu interessiert.

»Ha, zum Beispiel a Päckle Zigarette. I hab ja nie groucht, gell. Bin doch ned bleed, Geld in'd Luft puschte. Da kann ichs ja glei aussem Fenster werfe.«

»Ja und dann ist es ja auch noch krebserregend«, antwortete ich.

»Ah wisset se, sterbe tu mer alle irgendwann, aber ma ko scho an Haufa Geld s Klo nascheißa! «

Ich grinste gezwungen. »Apropos, ich müsst dann jetzt echt mal ...«

Ich eilte in die Toilette und warf einen Blick in die Kabinen. Eine war besetzt, die anderen wenig appetitlich, der Gestank unerträglich. Ich möchte mal wissen, wofür man hier einen Euro zahlt. Meine Wahl fiel auf die Toilette am Rand. So hatte ich nur maximal einen Mitscheißer Wand an Wand. Ich hatte mal gehört, dass man statistisch immer lieber auf die erste oder letzte Toilette im Raum gehen sollte, da diese von den wenigsten gewählt wird. Die meisten Leute gehen demnach auf die mittleren Toiletten, da diese weiter von der Eingangstür entfernt sind und die Leute so ein wenig mehr Privatsphäre genießen können. Die letzte hingegen, so denken viele, würde sowieso von allen genutzt. Deshalb meidet sie die Mehrheit der Leute und verpasst damit in Wirklichkeit die am wenigsten gequälte Keramik.

Während ich die Toilettenbrille hektisch mit Papier auslegte, hörte ich, wie die Spülung an der besetzten Kabine ausgelöst wurde und die Person die Toilette verließ. Allein! Danke! Zwar soll das Toilettenpapier keinesfalls vor Keimen schützen und es vielmehr sogar so sein, dass die WC-Brille durch ihre glatte Oberfläche viel sauberer ist als das Papier, dessen raue Struktur und gute Saugfähigkeit ein Paradies für Fäkalkeime und Bakterien sein kann, aber egal. Ich kann ohne meine gewohnte Papierschicht auf der Brille nicht meinem Geschäft nachgehen.

Vielleicht hat es einfach damit zu tun, dass noch kein anderer Arsch vorher auf dem Klopapier gesessen hat, sich auf der Brille hingegen schon Legionen von Hintern die Ehre gegeben haben.

Zwei Minuten später machte sich Erleichterung breit. Die Magenrebellion war niedergeschlagen. Jetzt ging es mir deutlich besser. Ich streifte mir die Jacke wieder über, die ich zur besseren Handlungsfähigkeit an der Tür aufgehängt hatte. Danach entriegelte ich das Schloss und knallte mit dem Kopf fast gegen die Tür, denn der Schließmechanismus hatte sich nicht geöffnet. Ich drehte erneut am Knauf, aber es bewegte sich nichts. Mein Rütteln an der Klotür bewirkte ebenfalls: nichts! Rein gar nichts! Was zum Teufel war das jetzt wieder? Ich war verdammt noch mal auf der Toilette eingeschlossen! Etwas Peinlicheres kann einem gar nicht passieren, aber das war mir in diesem Augenblick völlig egal. Ich musste hier raus. Wild trommelte ich an die Plastiktür: »Hey, ist da irgendjemand!? Hallo! Ich bin gefangen! Hilfe!«

Keine Antwort, kein Geräusch. Intuitiv tastete ich in der Tasche nach meinem Handy. Ein Griff ins Leere. Schließlich hatte ich es vorhin vorsorglich in meinen Rucksack gepackt, nachdem es mir in die Ritze am Sitz gefallen war.

Panik stieg in mir auf, während ich weiter rief und trommelte. Ich sah mich um, überlegte, was ich tun konnte. Über der Kabine war ein Spalt bis zur Decke. Ich sprang auf die Kloschüssel, aber das war eindeutig zu eng. Von meiner beschissenen Rückreise war dies nunmehr der absolute Tiefpunkt.

»Ist das hier versteckte Kamera?«, schrie ich in den halligen Raum. Dazu muss ich sagen, dass ich tatsächlich schon das ein oder andere Mal bei *Verstehen Sie Spaß?* als Lockvogel aufgetreten bin. Ist das hier nun die Rache? Karma? In meinem unendlichen Frust trat ich wütend gegen die Tür. Natürlich passierte nichts. Schweißperlen liefen über mein Gesicht. Verzweifelt sank ich auf die Kloschüssel, überlegte, sprang wieder auf, drehte Alibi-halber an dem Schließmechanismus und ... er ließ sich ohne Widerstand drehen. Ich drückte die Tür auf. Träumte ich? Nur ein paar Minuten hatte ich in meiner Randkabine verbracht, aber sie kamen mir vor wie eine Ewigkeit.

Ich stürmte die Treppen der menschenleeren Raststätte hinauf und vor die Tür auf den Parkplatz. In Gedanken sah ich schon unseren übel gelaunten Busfahrer schreiend vor mir stehen: »Wo kommst dü her? Alle warten auf disch, dü missratener Lümp? Was glaubst dü eigentlisch, wer dü bist?«

Ich hastete auf den Parkplatz in Richtung Bus. Bus? Wo war der Bus? Hatte ich mich in der Parkreihe geirrt? Nein! Der Bus war weg. Einfach nicht mehr da. Das konnte doch nicht sein. Mir wurde heiß und kalt zugleich. Die konnten doch nicht einfach ohne mich weitergefahren sein. Jetzt hatte ich richtig Panik. Oh, wie schön wäre das nur gewesen, wenn René mich angeschrien hätte. Ich rannte durch die ewigen Reihen der parkenden Lkws zurück in Richtung Raststätte und sah in der Ferne, wie der Bus gerade um die Ecke bog und wieder auf die Autobahn auffuhr. Ich wollte schreien, bekam aber keinen Ton heraus. In purem Reflex tastete ich meine Jacke ab, meine Hosentasche, ob ich vielleicht irgendetwas bei mir hatte, was nach Telefon oder Geld aussah. Fehlanzeige! Gar nichts außer einem Kaugummi. Kein Geld, keine Papiere, kein Telefon. Mein Puls raste und gleichzeitig kam meine Stimme zurück. Und wie! »So eine verdammte Scheiße!«, brüllte ich in den klaren Nachthimmel, »ich weiß nicht mal, wo ich bin!«, während ich ein Schild mit der Aufschrift *Bayreuth* erspähte.

Etwa 100 Meter neben der Raststätte befand sich die dazugehörige Tankstelle. Ich rannte, wie wenn es um mein Leben ginge, was es auf eine gewisse Art auch tat, zumindest um einen Teil davon, in Richtung des Tankstellenshops. Der Laden war menschenleer. Vor dem Eingang nahm ich im Augenwinkel einen parkenden Wagen wahr, einen uralten olivgrünen

Mercedes »Marke Bergdoktor«. Schnellen Schrittes eilte ich Richtung Kasse. Dort saß eine gelangweilte Mitarbeiterin in ihren Endzwanzigern, die mit ihren viel zu langen Fingernägeln auf dem Smartphone herumtippte. Ihre ganze Erscheinung hatte die Anmutung von Barbie auf Wish bestellt, und ihr Ausmaß an Freundlichkeit war ganz offensichtlich Teil desselben Pakets.

»Entschuldigung, kann ich bitte mal kurz telefonieren?«

Mein Ton war selbstredend etwas aufgeregt, aber ich versuchte, mich dennoch so ruhig wie möglich zu artikulieren. Die junge Dame zuckte noch nicht einmal und starrte unbenommen in ihr Handy. Ich wiederholte etwas lauter: »Entschuldigung!«

Nun schaute sie in meine Richtung und fragte im zähen Ton des Kaugummis, den sie gelangweilt zwischen ihren Backenzähnen zermahlte und in tiefst denkbarem Fränkisch: »Hosd du gtankt?«

Ich schüttelte den Kopf. »Nein, nein! Kann ich bitte kurz telefonieren?«

»Host du koin eichnes Handy?«

»Nein, das habe ich verloren und ich muss bitte dringend telefonieren.«

»Geh noch amol raus und lies, was am Haus steht! Des is a Tankstell und kaa Telefonzell!«

Ich war nicht zu Scherzen aufgelegt. »Hören Sie zu! Mein Bus ist ohne mich weggefahren.« Sie schaute mich entrückt an. So muss sich die Kommunikation mit Außerirdischen anfühlen, wenn sie zum ersten Mal auf einen Menschen treffen. Obwohl, so dämlich können die eigentlich nicht sein, falls es sie gibt, sonst würden sie den Weg hier auf die Erde niemals finden.

»Allemechtich, vo was für'm Bus redsd du?«

»Hör zu, kann ich bitte mal dein Handy benutzen?« Ich wechselte nun ebenfalls zum vertraulichen Du und bat in meinem höflichsten Ton.

»Naa!«

Ich liebe ja klare Aussagen, aber die wollte ich gerade nicht hören. »Bitte, es ist wirklich wichtig!«

»Fünf Euro«, kam es urplötzlich wie aus der Pistole geschossen aus dem Mund des fränkischen Barbie-Imitats.

»Ich würde dir ja gern was geben, aber ich habe kein Geld.« Eindringlicher konnte ich es nicht mehr formulieren.

»Persönlichs Pech!«

Ich glaubte nicht, was ich hörte. »Bitte! Es ist wirklich eine Notlage!«

Sie schaute mich angenervt an. »Dan ruf doch di Polizei o.«

»Ich habe verdammt noch mal kein Telefon.

»PP«, erwiderte sie knapp.

»Was heißt das?«

»Persönlichs Pech!«

»Sag mal, ist dir meine Situation wirklich so scheißegal?«, blökte ich sie nunmehr genauso rotzig an.

»Willsd mich aa no bleed omachen oder wos? I ruf glei mei Freund o.«

Es war sinnlos! Genervt gab ich auf, drehte auf dem Absatz um und verließ eilig den Tankstellenshop.

III.

Vor der Tür setzte der olivgrüne Mercedes Diesel, der einzige Pkw auf dem Rastplatz, gerade in Zeitlupe zurück. Ich lief seitlich auf das Fahrzeug zu und erkannte am Steuer einen älteren Herrn mit einem in die Jahre gekommen Pepitasakko und Krawatte. Auf der hinteren Ablage prangte ein offensichtlich vor langer Zeit selbst gesticktes Kissen mit dem Logo des SC Freiburg, was mir spontan Vertrauen einflößte, war ich doch von klein auf mit dem SC aufgewachsen und kannte auch den ein oder anderen Spieler des aktuellen Kaders persönlich. Der ältere Herr hatte mich unterdessen bemerkt und die Seitenscheibe heruntergekurbelt.

»Entschuldigen Sie bitte, ich möchte Sie nicht stören, aber mein Bus ist gerade ohne mich losgefahren und ich müsste kurz telefonieren. Haben Sie ein Handy, das ich benutzen dürfte?«

Der ältere Herr lächelte mich freundlich an und erwiderte in tiefbadischem Dialekt: »Naatürlich düürfe Sie mei Handy benutze.« Er suchte im Innenraum überall nach seinem Mobiltelefon, schaute in der Tasche, die auf dem Beifahrersitz stand, prüfte seinen Sakkoinhalt und lächelte schließlich bedauernd: »Es tut mir leid, junger Mann, ich glaub, ich hab's bei meiner Tochter vergesse. Die wohnt in Dreschde. Die hab ich grad bsucht und jetz fahr ich wieder heim zrugg.«

Ja, wenn es mal läuft, dann läuft es, egal in welche Richtung, dachte ich. »Komme Sie us Bade?«, verfiel ich selbst in meinen Heimatslang. Der Mann nickte lächelnd: »Ich komm us Friburg.«

Mir fiel ein Stein vom Herzen. Ich war allein auf irgendeiner Raststätte in der Nähe von Bayreuth gestrandet, es war nunmehr ungefähr 2.30 Uhr nachts, doch am Steuer des neben all den vielen Lkws einzigen Fahrzeugs saß ausgerechnet ein Herr aus Baden. »Ich müsst nach Stuttgart. Des liegt ja uf Ihrem Wäg. Dürft ich viellicht mit Ihne mitfahre?«

Adalbert Stösser, so sein Name, war sofort einverstanden. Insgeheim hatte ich die Hoffnung, dass wir vielleicht sogar den Bus wieder einholen würden. Die gab ich aber recht schnell auf, denn Adalbert war ein äußerst entspannter Autofahrer, um es nett zu formulieren. Die Tachonadel hatte die 100-km/h-Schwelle die letzten Jahre wahrscheinlich nicht mehr deutlich überschritten. So rollten wir dann auf der leeren Autobahn vor uns hin. Adalbert erzählte mir, dass er 85 Jahre alt sei und seine Frau schon vor zehn Jahren verloren habe. Seine Tochter lebe mit Mann und Kind in Dresden. Er besuche sie jeden zweiten Monat einmal für ein paar Tage, und in den Zwischenmonaten besuche seine Tochter umgekehrt ihn. So sehe man sich jeden Monat. Ich fand das alles sehr sympathisch und hörte freundlich zu, während Adalbert weiter erzählte und erzählte. Er sei zu Beginn des Zweiten Weltkriegs geboren und natürlich noch zu klein gewesen, um zu begreifen, was wirklich passierte, habe aber vom Ende des Krieges durchaus Erinnerungen daran, wie er mit seinen Eltern beim Fliegeralarm in den Bombenkeller flüchten musste. Langsam zog die Autobahn unter uns hinweg und mit ihr auch die Jahre von Adalberts Erinnerung.

»Mir habe damals net viel Geld ghabt. Eigentlich habe mir nachem Krieg gar nix ghabt. Mein Vadder und meine Mudder habe mehrere Jobs gmacht, und erscht in de Sechziger Jahr ischs dann aufwärts gange. Mitte der Sechziger Jahr hab ich dann au meine Frau kenneglernt. Die isch us Niedersachse gwese. Ich hab Kaufmann glernt und bis zur Rente innere Spedition als Prokurischt gschafft.«

Mir fielen zwischendurch immer mal wieder die Augen zu. Ich war todmüde und irgendwann konnte ich mich nicht mehr wach halten. Sanft entschlummerte ich, begleitet vom warmen Brummen des Motors und Adalberts Geschichten.

*

Als ich die Augen wieder öffnete, wurde es draußen allmählich hell. Langsam kam ich zu mir. »Wie spät isches? Wie lange habe ich gschlafe?«

»Schu so vier Stund. Sie ware ja total am End. Aber mir sin glich da.« Adalbert hatte den Satz kaum vollendet, als mir fast das Blut in den Adern gefror. Die Autobahn endete hier und wir passierten das Ortsschild, auf dem in klarem Schwarz auf Gelb stand: *Berlin – Bundeshauptstadt.*

»Adalbert, Sie henn doch gsagt kho, Sie fahre nach Freiburg«, stieß ich entsetzt in tiefstem Badisch hervor. »Ich wollt doch nach Stuttgart!« Doch auch wenn ich noch so enttäuscht, müde und kaputt war, konnte ich dem liebenswerten, alten Mann nicht böse sein, als er mir erzählte: »Des tut mir jetz aber leid. Ich hab total vergesse, wo ich hab hinfahre wolle. Wisse Sie, manchmal falle mir manche Sache nimmer ein. Ich bin von meiner Tochter indd falsche Richtung gfahre, un als ich dann wieder uff de Audobahn bin und des Schild Richtung Berlin gsähne hab, ischs mir wieder kumme, dass ich eigentlich nach Berlin hab fahre wolle. Wisse Sie, ich leb schu über drissig Jahr in Berlin. Seit meine Frau tot isch, bin ich im Aldersheim.«

Eine Viertelstunde später bogen wir auf den Parkplatz eines großen Seniorenstifts mitten in Berlin ein.

IV.

Endstation Seniorenstift. Adalbert wird mit hoher Wahrscheinlichkeit in diesem Heim seinen Lebensabend bis zum Grande Finale genießen. Ich war dafür noch deutlich zu jung, saß hier aber erst mal ebenfalls fest. Inzwischen war es um 6 Uhr früh. Adalbert stellte den alten Daimler auf dem Parkplatz ab und schaute mich bedröppelt an. »Des tut mir jetzt wirklich sauleid, aber Berlin isch au a klasse Stadt.«

Wir stiegen aus. Adalbert holte seinen alten, abgewetzten Lederkoffer aus dem Kofferraum, als im Hintergrund gerade eine Frau um die 40 das Seniorenstift verließ. Sie kam wohl aus der Nachtschicht, doch als sie Adalbert entdeckte, wurde sie hellwach. Eiligen Schrittes kam sie auf uns zu uns und rief schon aus mehreren Metern Entfernung: »Herr Stösser, wo kommen Sie jetzt her? Wir haben uns schon Sorgen gemacht. Na, Gott sei Dank sind Sie wieder hier!«

Adalbert schaut unschuldig: »Ich hab mich verfahre un dann hab ich den junge Mann da getroffe, dann isch mir uff halber Strecke erscht wieder eingfalle, wo ich hin muss, und jetzt hab ich ihn halt aus Versehe mit nach Berlin gnomme.«

Die Frau musterte mich von oben bis unten. »Ina Meier, großes M und kleine Eier«, stellte sie sich vor, dann ballerte es aus ihr heraus: »Du bist aber auch kein Deutscher.«

Ich musste schmunzeln. So entwaffnend ehrlich hatte das noch nie jemand zu mir gesagt. Vor allem Ina meinte das absolut nicht kritisch, sondern viel mehr sehr positiv. Das spürte ich direkt.

»Doch, ich bin wirklich ein ziemlich deutscher Deutscher.«

»Und woher kommste?«

»Freiburg, wohne aber gerade in Stuttgart!«

»Nicht wo du wohnst. Wo kommste ursprünglich her?«

Ich antwortete lächelnd: »Aus der Nähe von Offenburg.«

Ina lachte. Ein paar wilde Tattoos und ihre blonde schulterlange Lockenmähne ließen sie jünger aussehen als sie vielleicht war.

»Also, ich weiß natürlich, was du meinst.« Ich grinste. »So ganz ursprünglich komme ich aus Haslach im Kinzigtal. Für alle anderen Hintergründe kennen wir uns noch zu wenig.«

Ina grinste ebenfalls. »Ich bin aus Bautzen, aber schon fünfzehn Jahre in Berlin.«

Während Ina und ich uns weiter unterhielten, machte Adalbert sich unterdessen französisch aus dem Staub und schlenderte im Hintergrund Richtung Eingangsportal des Altersheims. Ina lächelte schelmisch, als sie die Irritation in meinem Blick erkannte.

»Jetzt lässt er mich einfach so hier stehen?«

»Ach, das macht er mit jedem so. Wahrscheinlich hat er längst vergessen, dass du mit ihm mitgefahren bist.«

Ina öffnete die Fahrertür des alten Daimler. Der Autoschlüssel steckte noch im Zündschloss. Sie schloss das Fahrzeug ab und verstaute den Schlüssel in ihrer Tasche.

»Wie heißte eigentlich?«

»Sorry, ja, ich habe mich noch gar nicht vorgestellt. Cossu. Eigentlich Lukas, aber alle sagen nur Cossu. Dürfte ich vielleicht kurz telefonieren?«

Während ich mit Ina in Richtung Seniorenheim ging, erzählte ich ihr von der Misere, die mir seit gestern widerfahren war. Ina wusste nicht recht, ob sie mich bemitleiden oder einfach laut herauslachen sollte in Anbetracht dessen, was ich ihr eben erzählt hatte.

»Wo ist Adalbert jetzt?«, fragte ich.

»Wahrscheinlich pennt er schon.«

»Besucht er seine Tochter öfter?«

»Adalbert hat keene Tochter«, prustete Ina heraus. Ich blieb einen Moment mit offenem Mund stehen. »Und ne Frau hatte er auch nie. Ich kenne ihn jetzt seit fuffzehn Jahren. Am Anfang war er noch recht klar. Er kommt aus sehr wohlhabendem Haus. Seine Schwester aus Freiburg hat ihn damals oft besucht, und sein bester Freund Yves hier aus Berlin war eigentlich täglich hier. Was immer er wirklich war, bester Freund oder Lebensgefährte. Wissen wir nicht genau. Adalbert hat nur mal so ne Anmerkung gemacht, dass er aus'm engen Freiburg hier in die Großstadt gezogen sei, um ein freies Leben zu führen. Seine Schwester und Yves sind vor ein paar Jahren innerhalb kürzester Zeit gestorben. Das hat seine Demenz verschlimmert. Jetzt klaut er sich nur ab und zu seinen Autoschlüssel aus dem Schreibtisch der Oberschwester und macht Spritztouren. Irgendwie hat er bisher immer wieder zurückgefunden.«

Ich konnte nicht fassen, was ich gerade gehört hatte. Die Geschichte von Adalberts Leben, der ich geduldig bis ins kleinste Detail gelauscht hatte, zumindest bis ich eingeschlafen war, entsprang also nur seiner dementen Fantasie. Na, er hatte es ja nicht böse gemeint.

Ina führte mich ins Schwesternzimmer, zeigte auf ein altes Festnetztelefon und verließ den Raum. Ich wählte Olivers Nummer. Zum Glück kennen wir uns noch aus Zeiten, wo man wichtige Handynummern auswendig konnte, und zum Glück wechselt der Spießer seine nie. Es klingelte am anderen Ende. Das war ein gutes Zeichen. Aber offensichtlich war er noch nicht wach oder gerade anderweitig beschäftigt. Möglicherweise zeigte er seinem heutigen One-Night-Stand seine virtuelle Briefmarkensammlung.

»Mann, geh bitte ran!« Es war zum Kotzen. Frustriert schmetterte ich den Hörer wieder auf die Gabel. Kurz überlegte ich, ob ich meine Ex anrufen sollte. Es war Freitagmorgen. Laura war wahrscheinlich gerade dabei, sich bürofertig zu machen. Ich verwarf den Gedanken schneller als er gekommen war. Oder Anika? Oh shit! Mich durchzuckte der schlimmste aller möglichen Gedanken. Es war ja nicht nur so, dass ich keine Kohle und kein Handy hatte. Das Bitterste war: die Ringe! Die Ringe für Anikas und Juans Hochzeit waren in meinem Rucksack. Unter keinen Umständen konnte ich Anika anrufen. In 100 Leben nicht!

Die Tür öffnete sich und Ina kam zurück ins Zimmer. »Und, hast du jemanden erreicht?« Ich schüttelte den Kopf. »Kann ich noch mal versuchen, die Fluglinie anzurufen, damit die mein Gepäck aus dem Bus holen und im Flughafen aufbewahren?«

Ich wirkte ganz offensichtlich etwa so unentspannt, wie ich war, aber Ina beruhigte mich allein durch ihre Anwesenheit. Sie suchte im Internet die Nummer der Hotline meiner Fluggesellschaft heraus, wählte die Nummer und übergab mir den Hörer. Eine Musikschleife mit schrecklicher Fahrstuhlmusik sprang an. Die leicht rauchig klingende weibliche Stimme verkündete die Botschaft, die ich gerade überhaupt nicht hören wollte: »Sie rufen außerhalb unserer Bürozeiten an. Bitte versuchen Sie es später noch einmal. Wir sind täglich zwischen 9 Uhr und 20 Uhr für Sie da.«

Gern hätte ich den Hörer erneut auf die Gabel geknallt, hielt mich aber zurück und legte ihn behutsam auf.

»Und was willste jetzt machen?«

Ich zuckte mit den Schultern. »Ich muss es halt später noch mal probieren.«

»Aber du hast doch nicht mal Kohle.«

Ich schüttelte nachdenklich den Kopf. Ina kramte ihren Geldbeutel hervor und streckte mir 20 Euro hin. »Mehr habe ich leider nicht in der Tasche. Jetzt kaufste dir erst mal nen Kaffee und ne Bemme und dann versuchst du nachher noch mal, wen zu erreichen.«

Ich wusste gar nicht, wie ich mich bedanken sollte. »Danke, dass du mir das Geld leihst. Gib mir dein PayPal oder deine Kontonummer, dann überweise ich dir, sobald ich wieder in Stuttgart bin, das Geld direkt zurück.«

Ina wiegelte sofort ab. »Geschenkt! Mein Freund ist horror-eifersüchtig! Wenn er sieht, dass ein anderer Mann mit mir in Kontakt ist, dreht er heftig am Rad. Deswegen muss ich aber auch schnell nach Hause, sonst denkt er wieder, ich bin noch sonst wo gewesen.«

Auf dem Parkplatz vor dem Gebäude zeigte mir Ina, in welcher Richtung die nächste U-Bahnstation lag, drückte mich kurz und hauchte mir ein »Viel Glück!« ins Ohr. Sie stieg in ihr kleines, altes Auto, das den Eindruck erweckte, als könnte jede Kolbenbewegung die letzte sein, und fuhr vom Parkplatz. Ich schaute ihr noch einen Moment hinterher und machte mich auf den von Ina beschriebenen Weg zur U-Bahn.

V.

Es war nunmehr 6.30 Uhr an diesem Freitagmorgen. Übernächtigt und hungrig schlenderte ich den Gehweg entlang, irgendwo in der Nähe der Kurfürstenstraße. Der Verkehr nahm gerade etwas zu. Ein paar wenige Fußgänger verloren sich auf der breiten und weitläufigen Innenstadtroute. Eine junge blonde Frau in engen Leggins und billiger Kunstlederjacke kam mir entgegen. Als sie fast auf meiner Höhe war, steuerte sie auf mich zu. »Hey you! Thirty for full and twenty for blow.«

Ihr schlechtes Englisch klang osteuropäisch hart. Einen Moment lang sah ich sie schweigend an. Ihr Make-up war an manchen Stellen nach einer langen Nacht tränenverschmiert, die Augen leer und müde, ihre Seele offenbar längst tot. Das junge Mädchen war gerade einmal 20. Ihre Hände zitterten, offensichtlich war sie auf Entzug. Im Vorbeilaufen entgegnete ich ein knappes »Sorry, no«.

Sie drehte sich in meinem Rücken um und flehte mich an. »Please. Twenty for all.« Mir zerriss es fast das Herz, aber ich konnte ihr nicht helfen, angesichts meiner Lage nicht mal mit einer Spende ohne Gegenleistung. »Sorry.«

Enttäuscht und verbittert von ihrem Leben, schleuderte sie mir ein »Leck mich, Asshole!« hinterher.

Das war nicht die Art von Konversation, die ich mir nach meiner reichlich seltsamen Nacht gewünscht hatte. So etwas zu sehen, machte etwas mit mir. Von wegen selbstbestimmte Sexarbeiterinnen. Wie schön klingt das immer im Amtsdeutsch. Die Realität heißt Minimalkohle auf dem Straßenstrich, ausgebeutet von irgendeinem dreckigen, menschenverachtenden Pimp.

In einiger Entfernung entdeckte ich einen Backshop. Meine Rettung. Vielleicht konnte ich dort auch telefonieren. Oliver musste ja irgendwann mal rangehen.

In dem Laden, eher ein abgerocktes Stehcafé als eine Bäckerei, hielt sich ein in meinen Augen sehr dubioses Publikum auf. Drei der Stehtische waren besetzt mit einer Mischung aus ostgotischen Zuhältern und arabischen Kleinkriminellen. Das sind böse Klischees, schon klar, aber ich bin eben auch nur ein Deutscher.

Am hintersten Tisch fiel mir eine hübsche, junge Frau neben einem pockenvernarbten Zuhältertypen ins Auge. Sie wirkte viel zerbrechlicher und bei Weitem nicht so abgetakelt wie das Mädchen, das mich gerade auf der Straße angesprochen hatte. Ich drehte mich Richtung Theke, wo ein unfreundlicher, schlecht gelaunter Verkäufer mich anfuhr. »Ey, was willst du?«

»Einen Cappuccino und ein Weckle.«

»Lan, was soll das sein?« Ich deutete auf ein belegtes Brötchen.

»Ne Stulle? Tamam, dann sag's doch! Isch kann kein Afrikanisch, Dikka.«

»Ich auch nicht«, murmelte ich vor mich hin. Eigentlich wollte ich ja fragen, ob ich telefonieren kann, aber das schenkte ich mir. Ich zahlte, packte mein Brötchen ein und ging Richtung Ausgang, als ich noch einmal einen Blick zu der jungen Frau in der Ecke warf. Sie schaute mich eindringlich an, während ihr finster dreinblickender Begleiter gerade am Handy telefonierte. Dann hob sie leicht die Hand, klappte den Daumen nach innen und umschloss mit den anderen Fingern den Daumen zur Faust.

Holy shit. Mir wurde es heiß und kalt zugleich. Ich kannte diese Geste, hatte sie einmal in einer Fernsehsendung gesehen. Sie bedeutet nichts Geringeres als »Help!« Ein stummer Hilferuf. Ich drehte mich auf dem Absatz um, ging zurück an die

Theke und sagte ganz leise zum Verkäufer: »Hey, ruf die Polizei. Das Mädchen da drüben ist in Schwierigkeiten.«

Er schaute mich nur verächtlich an. »Was quatschst'n du, Dikka? Ist alles okay.« Er sagte das absichtlich laut und warf dem Mistkerl neben der jungen Frau einen vielsagenden Blick zu. Dieser packte sie am Oberarm und schob sie aus der Tür des Ladens. Ich zögerte keine Tausendstelsekunde und folgte den beiden aus dem Stehcafé. Eilig schob der ekelhafte Typ das Mädchen den Gehweg hinab vor sich her. Sie versuchte, sich zu wehren, drehte sich immer wieder in meine Richtung. Kein Mensch weit und breit, den ich um Hilfe bitten konnte. Also blieb mir nicht viel übrig. So laut ich konnte, brüllte ich wild gestikulierend in den Morgenhimmel von Berlin Mitte: »Hilfe! Kann mir jemand helfen? Die junge Frau braucht Hilfe!«

Das war eindeutig zu viel für den osteuropäischen Zuhälter. Er ließ kurz von dem Mädchen ab und rannte zurück auf mich zu. Im selben Moment kam ein Taxi um die Ecke gebogen. Die junge Frau rannte auf die Straße, hielt das Fahrzeug mit erhobenen Armen an und sprang auf den Rücksitz. Das Einzige, was ich in der Sekunde noch wahrnahm, war eine Faust, die wohl unbedingt in mein Gesicht wollte. Dunkelheit.

VI.

Langsam wurde es wieder hell. War ich im Himmel? Ich starrte in große blaue Augen. Als sich meine Pupillen langsam scharf stellten, erkannte ich eine junge Dame. Blond, Pferdeschwanz, vielleicht Ende 20, in einem weißen Arztkittel samt Stethoskop in der Brusttasche. In einem Judith-Rakers-Lookalike-Contest wäre sie definitiv aufs Treppchen gekommen. Gab es Ärzte sogar im Himmel? Blödsinn! Ich lag in einem stinknormalen Krankenzimmer in einer Klinik mit nur einem Bett. Während ich immer mehr zu mir kam, las ich das Schild am Revers ihres Mantels: *Dr. Frida Rock*. Euer Ernst? Bin ich in der *Rocky Horror Picture Show* gelandet? Kommt gleich Tim Curry die Treppe herunter und intoniert »Sweet Transvestite«? Langsam schaltete mein Gehirn auch das Hörorgan wieder auf Empfang. In einem seltsam hallenden Ton vernahm ich: »Er kommt zu sich!«

Neben Dr. Rock stand am Fußende des Bettes ein sichtlich pflichtbewusster Polizist mit wenigen Haaren und einer blauen Uniform mit drei blauen Pickeln auf der Schulter.

»Hello, who are you?«, nahm Frida Rock zu mir Kontakt auf. Mein Schädel brummte, und ich fühlte mich, als habe mich ein Bus überfahren.

»In the Black Forest we don't say: ›Who are you?‹«

Dr. Rock schaute mich stirnrunzelnd an.

»In the Black Forest we say: ›Wem ghärsch du?‹«, fuhr ich fort.

»Prima, dann haben wir die Kommunikationsform ja geklärt«, grinste sie mich an und fügte hinzu: »In Hamburg we say: ›Moin, wie geit dir?‹«

Ich musste lächeln, doch dadurch dröhnte mein Schädel gleich ein bisschen mehr. »Mir ging's definitiv schon besser! Ähm, Hamburg?« Gedanken rasten durch meinen Brummschädel.

»Alles gut. Keine Panik, Sie sind in Berlin. Ich komme aus Hamburg.«

Der Polizist neben Frida räusperte sich und stellte sich als Polizeiobermeister Ronnie Meister vor. »Wir haben Sie bewusstlos und ohne Papiere auf dem Gehweg in der Kurfürstenstraße aufgefunden. Können Sie dazu irgendwelche Angaben machen?« Ich sortierte meine Gedanken. Das Denkmodul pulsierte. »Herr Obermeister!«

»Meister, ick heiße Meister«, unterbrach mich der Polizeibeamte. »Obermeister is mein Dienstgrad.«

»Okay, Herr Meister oder Herr Polizeiobermeister, ich habe keine Ahnung. Ich war auf Mallorca. Flugzeug, Gewitter, Leipzig, Adalbert, Anikas Ringe ...«

Für Außenstehende presste ich maximalen Informationsmatsch aus meinem Gehirnbrei in mein Sprechorgan.

»Wie heißen Sie denn? Fangen wir doch damit an.« Frida hörte interessiert zu, während ich in meinen tiefsten Gehirnschubladen kramte. »Lukas Staier. Mein Name ist Lukas Staier.«

»Und wo wohnen Sie?«

»In Stuttgart. Bei Oliver, meinem Freund. Er ist es, den ich ganz dringend anrufen muss.«

Der Beamte zog ein Klemmbrett mit Formularen unter dem Arm hervor. »Bitte füllen Sie das aus.«

Ich begann die Zeilen mit Wahrheiten zu füllen, an die ich mich erinnerte. Eigentlich erinnerte ich mich an alles, nur das mit der Passnummer war in dem Fall natürlich ein Scherz. Wer kennt denn bitte seine Passnummer auswendig? Großzügigerweise erließ mir Obermeister Meister diese Information. Ich gab ihm das Klemmbrett zurück.

»Was haben Sie heute früh in der Kurfürstenstraße gemacht?« Mit festem Blick fixierte Obermeister Meister meine ahnungslosen Augen.

»Wissen Sie, das ist eine bescheuerte Geschichte und wenn ich sie Ihnen erzähle, denken Sie sowieso, ich will ihnen irgendeinen Käs uffs Wurschtbrot schwätze.«

»Ick verstehe kein Wort«, entgegnete Meister.

Frida mischte sich kurz ein. »Er meint, Sie würden ihm die Geschichte sowieso nicht glauben.« Überrascht schaute ich Frida an.

»Ich habe zwei Jahre in Freiburg studiert. Ich verstehe Ihr badisches Kauderwelsch.«

Mein Lächeln kam zurück. Sie grinste verschmitzt.

»Was wollten Sie also dort, Herr Steirer?«, fuhr Obermeister Meister dazwischen.

»Staier, nicht Steirer.«

Meister blickte auf das von mir ausgefüllte Formular. »Herr Staier, Entschuldigung. Also, was wollten sie dort? Sex?«

»Sex?«, wiederholte ich ungläubig. »Hören Sie, Herr Obermeister ...«

»Polizeiobermeister«, korrigierte er mich schroff.

»Ich war dort nicht, weil ich dort sein wollte. Im Gegenteil. Ich habe versucht, einem jungen Mädchen zu helfen. Ich wusste nicht mal, was für eine Gegend das ist, und wie ich dort hingekommen bin«, ich musste kurz durchatmen, »... wie ich dort hingekommen bin, ist eine ziemlich absurde Geschichte.«

Ich schilderte Herrn Polizeiobermeister Meister meine Erlebnisse der letzten 24 Stunden so knapp wie möglich, aber so ausführlich wie nötig. Frida grinste kopfschüttelnd in sich hinein. Selbst Polizeiobermeister Meister nickte mitleidig. »Okay, Herr Staier, ick überprüfe das kurz und bin gleich wieder bei Ihnen.« Meister verließ das Krankenzimmer.

»Herr Staier, das klingt wirklich nach einem extremen Schietdag«, versuchte Frida, mich etwas aufzubauen.

»Können wir Herr Staier durch Cossu ersetzen? Alle nennen mich so.«

»Ich bin Frida.« Ihre Hand war warm und weich. Frida war so, wie man sich eine Ärztin wünscht, mit der Extraportion Empathie. Das erlebt man heutzutage selten. Die meisten ehemaligen Mitschüler, die Ärzte geworden sind, haben Medizin studiert, weil sie konnten, sprich, weil ihr Abi gut genug war, um den Numerus clausus zu erfüllen. Sie sind nicht Ärzte geworden, weil sie die Leidenschaft in sich spürten, anderen Menschen zu helfen.

Ich sage bewusst die meisten, da es für mich diesbezüglich drei Ausnahmen gibt. Meinen Onkel, meine Tante und deren Sohn, meinen Cousin. Alle drei leben für ihren Beruf und üben ihn mit der nötigen Leidenschaft und Empathie aus. Das ist zuweilen ziemlich praktisch. Bei jedem kleinen Wehwehchen, bei dem Dr. Google eine schwerwiegende Krankheit diagnostizieren würde, bekomme ich immer einen fachgerechten Rat.

»Ich spüre da seit gestern Nacht etwas Brennendes, Entzündetes an meiner Schläfe. Könnte das ein Tumor sein?«

»Das ist ein Pickel! « Schwups, und schon bin ich wieder beruhigt.

In meiner Kindheit habe ich viel Zeit mit ihnen verbracht. Ich fuhr in unzählige Urlaube mit und war so was wie ein zweiter Sohn der Familie, war wie ein Bruder und meine Cousine wie eine Schwester für mich. Sie ist keine Ärztin, sondern Wirtschaftspsychologin. Irgendwie nachvollziehbar, dass sie sich sagte: »Lieber auch mal aus der Reihe tanzen, als gar nicht tanzen.« Wobei ich nicht weiß, wie viele Wirtschaftspsychologinnen während ihrer Arbeit tanzen. Spontan würde ich auf ein bis drei Prozent tippen. Vielleicht ist das ja auch eine Art

Lockerungsübung für Klienten? Möglicherweise sollte ich sie aber auch einfach mal fragen, was sie da so genau macht und ob Tanzen in irgendeiner Form dabei eine Rolle spielt.

»Mann, mein Schädel brummt.«

»Das glaube ich dir aufs Wort, Cossu, aber du überlebst. Versprochen.«

Sie konnte mich zum Lachen bringen. Ihre Art war einnehmend. »Ich gebe dir gleich eine Schmerztablette, dann vertreiben wir den Sturm in deinem Kopf. Wobei man in Hamburg sagt: Sturm ist erst, wenn die Schafe keine Locken mehr haben.« Ich stützte kopfschüttelnd lachend meine Stirn auf die Hand. In dem Moment kam Herr Obermeister Meister wieder zur Tür herein.

»Also Herr Staier, Ihre Angaben waren so weit alle korrekt. Sie können sich möglicherweise nicht vollständig daran erinnern, was passiert ist. Daher ganz kurz: Sie haben der jungen Frau aus Rumänien eine ganze Menge Leid erspart. Erst gestern war sie nach Berlin verschleppt worden und sollte hier für die Schleuserbande der Prostitution zugeführt werden. Durch Ihre Hilfe konnte sie mit dem Taxi fliehen. Der Fahrer informierte uns, da sie kein Geld und keine Papiere bei sich hatte. Wir haben sofort nach dem Begleiter gefahndet und konnten ihn in der Nähe des Bahnhofs Zoologischer Garten festnehmen. Ich soll Sie von der jungen Frau herzlich grüßen. Sie wollte sich eigentlich persönlich bei Ihnen bedanken, aber wir haben sie isoliert, um sie vor Übergriffen der Schleuser zu schützen, und werden sie zeitnah wieder in ihre Heimat bringen. Das war es dann, Herr Staier. Machen Sie es gut und gute Besserung.« Obermeister Meister streckte mir die Hand entgegen.

»Moment, Moment, Herr Oberpolizeimeister. Was ist jetzt mit mir? Ich muss dringend zurück nach Stuttgart, habe bloß zwölf Euro in der Tasche und kein Handy.«

»Ich kann Ihnen da leider nicht weiterhelfen. Sollten Sie die Heimreise nicht aus eigenen Mitteln finanzieren können, wenden Sie sich bitte an eine Sozialeinrichtung.«

»Aber ich ...« In diesem Moment wurde Meister über Funk gerufen. »Verstanden, bin auf dem Weg«, antwortete er in die Sprechtüte und schließlich zu Frida und mir: »Ich muss los, ein Einsatz! Tschüss, Frau Doktor, tschüss, Herr Staier.«

Und weg war er.

»Jetzt haut der einfach ab. Ich fass es nicht.«

Frida grinste. »Kriegen wir gebacken. Keine Angst!«

Ich starrte sie einen Moment lang an. »Dürfte ich vielleicht bitte einmal telefonieren?«

»Na klar«, kam es wie aus der Pistole geschossen. »Aber vielleicht möchtest du zuerst kurz duschen, und ich hole dir eine Tablette und mein Handy!« Lächelnd zeigte sie auf die Badezimmertür. »Handtücher liegen neben dem Waschbecken.«

»Geiles Hotel, nur ein bisschen spartanisch eingerichtet.«

Frida verließ augenrollend das Zimmer.

Noch nie habe ich eine Dusche so genossen wie an diesem Tag, auch wenn das Krankenhausbad mit seinen orange-hellgrünen Fliesen eher den Siebzigerjahren entstammte und die Benutzung unter ästhetischen Gesichtspunkten als augenkrebsverdächtig einzustufen war. Aber herrlich war's! Mein Denkmodul klarte zunehmend wieder auf.

»Cossu, ich lege dir ein paar Klamotten aufs Bett und die Pille gegen die Trommeln in deiner Matschbirne. Ich muss kurz nach ein paar anderen Patienten sehen. Bin gleich wieder da.«

Sie hatte nicht gelogen. Auf dem Bett fand ich Einmalunterwäsche, Socken, ein weißes T-Shirt und einen weißen Hoody. Bis auf meine Hose alles wie neu. Ich schluckte die Pille gegen die Dröhnung, als Frida wenig später wieder ins Zimmer kam und die Daumen hob. »Manche können einfach alles tragen.«

»Wo hast du die her?«

»Personalklamotten. Kannst gleich hier anfangen.«

»Nein, bitte nicht«, wehrte ich lachend ab. »Die armen Patienten.«

Frida drückte mir ihr Smartphone in die Hand. Ich wählte Olivers Nummer. Ein Wunder geschah.

»Klickstein, hallo?«, meldete er sich verschlafen und mit rauer Stimme.

»Cossu hier, zum Glück erreiche ich dich. Hab's heut früh schon mal vom Festnetz probiert.«

»Ai Gude, was ist los, Alter?«, schallte es in Frankfurter Schnoddrigkeit aus dem Hörer, »ich hatte nur einen Call von einem Altersheim in Berlin. Das kannst ja nicht du gewesen sein.«

»Doch, das war ich. Ich sitz ganz schön in der Scheiße. Bin in Berlin.«

»Was? Mach keine Witze, Mann!«

»Ist kein Witz, ich bin gerade noch im Krankenhaus. Aber keine Angst, mir geht es gut. Ich habe nur keine Kohle, kein Handy. Mein ganzes Gepäck ist weg.«

»Was zum Teufel ist passiert?«

»Lange Geschichte«, versuchte ich, das Telefonat abzukürzen. »Die Ringe für Anika und Juan sind auch in meinem Rucksack, und der Rucksack ist im Bus, der ohne mich weitergefahren ist.«

»Oh Scheiße!« Oliver klang ähnlich zerknautscht wie ich. Nur dass seine Gründe dafür sicherlich angenehmere waren.

»Das Gepäck müsste längst in Stuttgart am Flughafen sein. Bitte ruf die Airline an!«

»Ich hör dich kaum noch, Cossu! Habe ne total schlechte Verbindung.« Piep, piep, piep. Die Leitung war unterbrochen. Ich drückte auf Wahlwiederholung, aber die Verbindung blieb tot.

Langsam hatte ich die Schnauze gestrichen voll von dieser Murphy's-Law-Kacke. Alles, was schiefgehen konnte, war doch schon schiefgegangen. Wortlos gab ich Frida ihr Handy zurück, die das Telefonat ruhig verfolgt hatte.

»Komm schon, Cossu. Ist doch kein Problem. Ich leihe dir das Geld für das Zugticket.«

Ich sah Frida mit großen Augen an. »Das würdest du tun? Ich überweise es dir sofort zurück, sobald ich wieder in Stuttgart bin.«

»Ich weiß«, lächelte mich Frida an.

»Warum sagst du ›ich weiß‹?«

»Menschenkenntnis, mein Lieber. Ich schwör dir auf die Schuhe, ich erkenne einen Vollpfosten auf 10 Kilometer ... und du bist keiner.«

»Danke, Frida!« Ich fühlte mich gut und schlecht zugleich. Noch nie musste ich irgendjemanden anbetteln, aber ich war auch noch nie in eine ähnlich bescheuerte Situation geraten.

»Komm, Cossu, mein Dienst ist zu Ende. Ich fahre dich zum Hauptbahnhof, wir checken das Ticket, und dann nichts wie ab in die Heimat.«

Das klang so pragmatisch wie gut. Mal ehrlich, Frida war gerade dabei, mich aus der größten Scheiße, die ich bislang erlebt hatte, zu befreien. Wie eine Fee, die am Wegesrand auftauchte, um mich zu retten. War also doch alles vorbestimmt? Sie war hübsch, schlau, empathisch, hilfsbereit. Eigentlich die perfekte Frau.

»Hast du einen Freund?«, fragte ich Frida, während wir uns in ihrem Mini Cooper durch den dichten Verkehr schlängelten.

Sie lachte laut los. »Nein, mein Lieber, habe ich nicht. Falls du mich fragen möchtest, ob ich mit dir gehen will, müsste ich leider antworten: Du bist schon irgendwie süß, aber leider nicht mein Typ.«

Schade eigentlich, dachte ich, als sie trocken nachlegte: »Ich bin seit sieben Jahren mit meiner Freundin Stella sehr glücklich.« Ihr Strahlen, als sie das erzählte, war unbezahlbar. Ich kannte sie jetzt gerade einmal zwei Stunden meines Lebens, hatte aber das Gefühl, dass wir seit Jahren befreundet waren. Frida war anders. Grundpositiv, offen und fröhlich. Nicht so verkopft und von allem genervt wie viele meiner deutschen Mitbürger.

Ihr Telefon klingelte. Es war auf die Freisprechanlage im Auto umgeleitet. Ich erkannte die Nummer im Display sofort. »Das ist Oli!«

Frida nahm das Gespräch an. »Hallo Oli, hier ist Frida. Dein Kumpel Cossu sitzt neben mir und wartet schon ungeduldig auf deinen Anruf.«

»Hey Digga!«, sprudelte es aufgeregt aus mir heraus. »Sag jetzt nichts Falsches. Du bist auf Lautsprecher!«

»Du meinst, deine ganzen Weibergeschichten?« Oli lachte. Er lachte eigentlich immer, egal wie ernst die Lage war. Frida grinste mich an, und ich konnte auch nicht anders als kopfschüttelnd zu schmunzeln. »Oli, im Ernst. Hast du bei der Fluggesellschaft angerufen?«

»Ai sischä.«

»Ja und, haben die das Gepäck?«

»Nee, du hast das Gepäck, haben die mir gesagt.«

Ich begann zu schwitzen. »Wie, ich habe das Gepäck? Ich habe kein Gepäck. Das war alles im Bus.«

»Ja genau, im Bus. Die Airline sagt, dass du das Gepäck am Gepäckband in Leipzig abgeholt hast, und damit ist die Sache für sie erledigt.«

»Erledigt? Verarsch mich nicht.«

»Wie hieß denn die Busfirma?«

»Du verarschst mich doch. Woher soll ich das wissen? Digga, es war 1 Uhr nachts, und ich steige in einen Bus. Da schaue ich doch nicht, wie das Unternehmen heißt. Der Fahrer hieß René und war ein unfreundliches Arschloch.«

»Danke, das hilft mir weiter. Ich rufe jetzt alle Busunternehmen in und um Leipzig an und frage, ob sie einen Busfahrer haben, der René heißt und ein Arschloch ist.«

»Mann, Oli, sorry, ich weiß, dass das Scheiße ist, aber in meinem Rucksack ist alles. Handy, Geldbeutel, aber vor allem die Ringe!«

»Soll ich Anika anrufen?«

Mein »Nein!« kam schon, bevor Oli den Satz beendet hatte. Er lachte erneut. »War Spaß. Ich checke mal die Situation in Sachen Bus. Also, bis dann ...« Oli wollte gerade auflegen. »Warte mal! Du kannst mich ja nicht erreichen. Frida fährt mich gerade zum Bahnhof. Ich nehm den nächsten Zug.«

»Warum fliegst du nicht?«

»Keine Kohle!«

»Ich schicke sie dir per Sofortüberweisung. Kein Problem!«

»Wohin schickst du es mir? Ich habe kein Handy, keinen Ausweis ...«

»Ähm, okay. Das ist ein Problem. Also auch kein Mietwagen, da du keinen Führerschein, keine Kreditkarte oder Ähnliches hast?«

»Korrekt! Aber tu mir bitte einen Gefallen. Schick 500 Euro an Fridas PayPal. Sie kann es mir dann in bar geben.«

Frida schüttelte den Kopf. »Nein, das müsst ihr jetzt nicht machen. Das könnt ihr mir in Ruhe in den nächsten Tagen rüberschieben. Ich kaufe dir jetzt erst mal die Fahrkarte und gebe dir noch ein bisschen Taschengeld.«

»Nein, nein, ich möchte das nicht. Oli, ich schicke dir von Fridas Handy gleich alles, was du brauchst, und dann melde ich mich noch mal, wenn ich das Ticket habe und weiß, wann der Zug geht.«

»Alles klar, kriegen wir hin. Mach disch lockä.«

Während Frida vor dem Bahnhof einparkte, schrieb ich Oli eine Nachricht mit den Zahlungsdaten.

Das mit den bescheuerten Ringen von Anika und Juan ließ mir keine Ruhe. Eigentlich waren ja die Ringe nicht bescheuert, sondern ich, dass mir so eine Kacke passierte. Anika würde mich ausweiden, kastrieren und dann irgendjemandem zum Fraß vorwerfen, der auf ausgeweidete und kastrierte Vollidioten steht. Zu allem Übel fiel mir in der Sekunde ein, dass heute Abend die Vorbesprechung für die Hochzeit stattfinden sollte. Heute Abend! Jetzt wurde mir die nahende Katastrophe noch viel deutlicher bewusst. Ich hatte jegliche Art von Zeitgefühl verloren. Es war Freitag, kurz nach 10 am Vormittag. Um 19 Uhr waren wir verabredet, das Brautpaar und die Trauzeugen. Allerdings in Stuttgart und natürlich mit den Ringen, auf die Anika schon so gespannt wartete. Okay, okay. Ich musste jetzt ganz ruhig bleiben.

VII.

Wortlos und mit nachdenklicher Miene lief ich an Fridas Seite auf das Eingangsportal des Hauptbahnhofs zu. Frida schaute kopfschüttelnd mit einem Lächeln auf ihr Smartphone. »Dein Freund Oli hat mir gerade 1000 Euro für dich überwiesen.« Sie hielt mir das Telefon vor die Nase.

»Was? Warum 1000?«

»Mensch, Cossu, was ist los mit dir? Freu dich doch, so einen Freund zu haben. Ich zieh dir gleich die Knete aus dem Automaten, dann bist du wieder flüssig.«

Erst in dieser Sekunde wurde mir wirklich bewusst, wie sehr Oli, der im Alltag nicht der Zuverlässigste und immer etwas verpeilt war, wenn es ernst wurde, ein einzigartiger Freund war, auf den man sich zu 100 Prozent verlassen konnte.

Im Bahnhof herrschte Chaos, echtes Chaos. Nicht nur tausende Menschen, die wie sonst zu ihren Zügen hasteten, sondern tausende Menschen, die wild gestikulierend und diskutierend in der gesamten Halle verteilt waren.

»Was is'n hier los?«

Frida und ich quetschten uns durch die Menschenmenge. »Da vorn ist ein Geldautomat. Lass uns das erst erledigen, dann schauen wir mal, was hier abgeht.«

Während wir uns Richtung Geldautomat bewegten, schnappte ich von den herumstehenden Menschengrüppchen unzählige Wortfetzen auf. »Das ist doch nicht euer Ernst. Was soll ich jetzt machen? Wie komme ich jetzt nach: Hamburg, Dortmund, Hannover, Recklinghausen, Nürnberg? Wann fahren die Züge wieder? Ihr Sackgesichter! Ihr kriegt den Kanal nicht voll, ihr ehrenlosen Lokfahrer ...«

Wow, hier war Druck auf dem Kessel. Ich stand hinter Frida, während sie das Geld abhob, und schirmte den Blick auf den Automaten etwas ab. Musste jetzt keiner mitkriegen, dass ich gleich mit 1000 Euro Cash durch die Gegend lief. Als Großstädterin teilte Frida meine Hauptstadtparanoia nicht. Sie steckte das Geld lässig in die Hosentasche, ohne dass man sehen konnte, wie viel sie abgehoben hatte. »Komm, wir gehen einen Kaffee trinken.«

Ich folgte Frida in eine etwas ruhigere Ecke. Plötzlich nahm sie mich in den Arm und steckte mir dabei das Geld unauffällig in die Innentasche meiner Jacke. Grinsend ließ sie mich wieder los.

»Das war schön. Du kannst gern wieder näher herkommen.«

Frieda strahlte aus jeder Pore ihres Wesens. Mit ihrem One-Million-Dollar-Lächeln hätte sie jeden Stein zum Schmelzen gebracht. »Jetzt lass uns mal schauen, was hier abgeht. Da vorn sind die Ticketschalter.«

Vor den Schaltern hatten sich lange Schlangen gebildet. Dahinter wieder unzählige Menschengrüppchen. Wir platzierten uns neben rund 20 Personen in bayerischer Tracht und Musikinstrumenten in Transportkoffern. Sie waren einheitlich gekleidet in schwarzer Dreiviertel-Bundlederhose und weißem Hemd, darüber eine rote Weste und schwarze Haferlschuhe.

Erst jetzt konnten wir sehen, dass inmitten der Trachtenträger ein Bahnmitarbeiter in blauer Uniform stand und mit Händen und Füßen zu erklären versuchte, warum der Zug nicht fahren würde.

»Jo seids ihr denn olle total deppert?«, brüllte ein älterer Trachtler, der einen grauen Schnauzbart zur Halbglatze trug. »Wie viel Geld wollts denn no? Und am besten nur no 30 Stunden arbeiten bei vollem Lohnausgleich!«

»Meine Herren, jetzt bleiben wir doch mal sachlich«, verteidigte sich der Bahner, »Sie arbeiten ja auch nicht umsonst.«

»Jo, Kruzifix halleluja. Wos redst'n du für an Schmarrn. Kana von eich orbat umsonst. Des tat i wissen. Und mir, mir spuin jeden Obend woanders, damit ma unser Fett verdiena. Und ihr faule Bagage tuats streiken und hoids ganz Deuschtland von da Orbat ab.«

»Und ihr? Uffda-uffda-Krach?«, wandte ich mich scherzhaft an einen neben mir stehenden Trachtenträger. Er war etwa um die 40, ebenfalls Schnauzer, keine Glatze, dafür Hut.

»Wos du sagen?«, grantelte er mich an.

»Ich wollte eigentlich nur wissen, ob ihr Musiker seid. Außerdem habe ich gerade mitgehört, dass euer Zug nicht fährt.«

Ich hob die Hand, um auszudrücken, dass ich mich in derselben Lage befand.

»Wos maanst?«

»Ernstl, stö di net so bled an. Der red doch ganz normal mit dir. Wos verstehst'n do net?«

Ernstl schaute ziemlich blöd aus der Wäsche und musterte mich, als weitere Trachtler sich frustriert vom Bahnmitarbeiter abwandten und nunmehr um uns herumstanden.

»Wo kimmst du her?«

»Was meinst du?

»Kommst du aus Afrika?«, machte er weiter. Zwei jüngere Trachtler konnten ihr Kichern kaum zurückhalten.

»Ich stamme aus dem Schwarzwald.«

»Jo, so schaugst aus.« Das war der Schenkelklopfer, auf den sie alle gewartet hatten. Die ganze Gruppe prustete einen fetten Lacher heraus. Die beiden Kicherer stellten sich mir als Schorsch und Tobi vor.

»Ich wohne aber in Stuttgart und bin dort Oberarzt an einer Klinik für plastische Chirurgie.« Frida grinste mich stirnrunzelnd an. »Mein Fachgebiet sind Penisverlängerungen nach afrikanischer Art.«

Den Trachtlern fielen die Kinnladen herunter.

»Wir haben sogar ein Rabattprogramm für bayerische Volksmusiker.«

Als ich in die Gesichter sah, konnte ich nicht mehr ernst bleiben und lachte laut los ... und mit mir Frida und die ganze bayerische Crew.

»Ich hob grod denkt, i kenn di irgendwo her. Ausm Fernsehen oder Internet oder so was.«

»Ja, ich berichte viel über meine OPs. Nein, Quatsch, kann sein, dass du mal was von mir gesehen hast, aber ich bin kein Arzt.«

Schorsch mischte sich jetzt auch ein. »Und die hübsche junge Dame? Is des dei Gschpusi?«

Ich warf Frida einen schelmischen Blick zu. »Nein, das ist meine Frau und ja, sie ist wirklich Ärztin.«

»Jo leckst mi. Do schaust her.«

»Nein, sie ist nicht meine Frau, aber Ärztin stimmt.«

»Du mochst mi fertig«, witzelte Tobi.

»Reden meine Jungs do wieder an Bledsinn?« Ein gut aussehender, sportlicher Bayer in seinen Endvierzigern stand plötzlich neben uns. »Hallo, i bin der Bernd, der Bandleader von dem Chaotenhaufen. Mir san die Wendlsteiner Zipfelklatscher.«

Ich lachte laut los. »Wer seid ihr? Die Wendlsteiner Zipfelklatscher?«

»Jo!« Bernd nickte zustimmend und musste selbst lachen, wie Teile seiner Crew. Frida und ich konnten kaum fassen, was wir gerade gehört hatten.

»Das ist die Frida und ich bin der Cossu.«

»Was machts ihr hier in Berlin?«, fragte Bernd und erzählte, ohne eine Antwort abzuwarten, dass sie gestern einen Auftritt bei einem bayerischen Volksfest hatten.

»Und jetzt geht's in die Heimat zurück?«

»Na, mir müssma schauen, dass ma schnell nach Köln kimma, weil dort hamma heut Abend den nächsten Auftritt. Mir mochn so a Package Tour, wia man heit so sche sogt. Mir zsammen mit de Friedrichsthaler Börschter und dem Duo Melanie und Thomas.«

»Ah okay. Cool.« Das Ganze war mir irgendwie sympathisch, zumal ich ja selbst jahrelang unterwegs war, wenn auch nicht mit einer Band und nicht in diesem Genre. Bernd war mir sofort sympathisch.

»Und ihr zwoa? Geht eier Zug a net?«

»Naja, das weiß ich eigentlich gar nicht. Wir sind gerade erst zum Bahnhof gekommen. Frida hat mich lieberweise hergefahren, und ich müsste eigentlich dringend nach Stuttgart. Ich war die letzten zehn Tage auf Mallorca. Von einem Streik habe ich gar nichts mitbekommen.«

»Ich schon«, warf Frida ein. »Der Lokführerstreik war angekündigt. Hab nur nicht dran gedacht, da ich selten mit dem Zug fahre.«

»Jo, die streiken noch bis morgen Mittag. Uns hams gsagt, dass unser Zug nach Köln als einer der wenigen heute fahren würd. Aber der geht jetzt a net. Unsa Tourmanagerin Marlen versucht grod, zsam mit dem Tourveranstalter an Bus zum organisieren.«

Fridas Telefon klingelte. »Hallo Oliver, ich geb dich gleich weiter.« Sie reichte mir das Handy.

Ich bewegte mich ein paar Schritte zur Seite, um in Ruhe telefonieren zu können.

»Hi Digga, was gibt's Neues?«

»Cossu, hör zu, ich weiß, wo dein Gepäck ist.«

»Bedeutet?«

»Es ist bei der Polizeistation am Stuttgarter Flughafen.«

»Hä, wieso das?«

»Irgendein anderer Passagier von einer Reisegruppe aus Aalen, der als Letzter ausgestiegen ist, hat gesehen, dass dein Rucksack noch im Bus war. Er dachte, du wärst schon draußen, und hat ihn mitgenommen. Du warst aber nicht da. Außerdem stand noch dein Koffer allein am Gehweg. Also hat der Typ alles bei der Fluglinie abgegeben, und die haben es zum Fundbüro bei der Polizei gebracht.«

»Spiel mir am Glied bis zum Tod«, murmelte ich vor mich hin.

»Was quatscht du?«

»Es war einer von ›Spiel mir am Glied bis zum Tod‹. Das verstehst du jetzt nicht.«

»Will ich auch nicht. Alter, ich glaub, bei dir ist einiges am Arsch.«

»Nein, entspann dich«, beruhigte ich ihn. »Die Jungs von der Alb hatten den Spruch auf ihren T-Shirts stehen. Kannst du mein Gepäck bitte für mich abholen?«

»Nein!«

»Wie nein?«

»Die geben es mir nicht, weil ich nicht du bin. Sonst könnte ja jeder dein Gepäck abholen.«

»Ja okay, aber was kann man da jetzt machen?«

»Du musst selbst hin!«

»Klasse, ich bin aber gerade in Berlin.«

»Wann fährt dein Zug und wann bist du in Stuttgart?«

»Der Zug fährt überhaupt nicht. Die Lokführer streiken noch bis morgen Mittag.«

»Alter, was geht da ab? Du hast wirklich die Seuche.«

»Das kann man so sagen, aber zum Glück ist das Gepäck da, zumindest theoretisch. Anika hat sicher schon fünfmal auf meinem Handy angerufen, wegen der Ringe und dem Vorgespräch heute Abend. Hat sie sich bei dir gemeldet?«

»Nein.«

»Kannst du sie anrufen?«

»Ja, aber was soll ich ihr sagen? Cossu hat sein Gepäck verloren und wir haben es zwar möglicherweise wiedergefunden, können aber nicht wissen, ob die Ringe noch drin sind oder ein Älbler mit neuem Schmuck herumrennt?«

»Hör auf, Oli. Ruf sie an, aber sag nichts vom Gepäck. Sag ihr, mein Handy ist kaputt, der Flug wurde nach Berlin umgeleitet und die Bahn streikt … und ich bin hundertpro morgen in Stuttgart.«

Ein Raunen ertönte hinter mir in der Halle. Ich drehte mich um und sah in einiger Entfernung, dass eine ältere Frau zusammengesackt und ohnmächtig auf den Boden geknallt war.

»Oli, ich melde mich, sorry …« Ich legte sofort auf. Die Leute, die unmittelbar um die Frau herumstanden, unternahmen nichts. Sie gafften, manche zogen ihr Handy und fingen an, Fotos zu schießen, andere liefen unbeteiligt vorbei. Frida erkannte den Ernst der Situation sofort. Sie eilte zu dem immer größer werdenden Menschenpulk, gefolgt von mir sowie Bernd, Tobi und Schorsch, mit denen sie sich eben noch unterhalten hatte.

»Lassen Sie mich durch, ich bin Ärztin«, rief Frida mit mäßigem Erfolg.

»Gehts auf'd Seiten«, schoben Tobi und Schorsch die Menschen zur Seite, während ich Frida Geleitschutz durch die Gaffermenge gab. Wir erreichten die zusammengebrochene Dame. Frida legte zwei Finger auf ihre Halsschlagader und das Ohr auf den Brustkorb. »Scheiße, keine Atmung, kein Puls! Herzstillstand! Ruft sofort einen Krankenwagen und schaut, ob ihr beim Bahnhofspersonal einen Defibrillator auftreiben könnt!«

Frida drehte die alte Frau auf den Rücken und begann umgehend mit der Herzdruckmassage. Bernd wählte den Notruf, während Schorsch und Tobi sich durch die Menschen kämpften, um einen Defibrillator aufzutreiben. Ich assistierte Frida.

»Kommen Sie schon, heute ist kein guter Tag, um zu sterben.« Frida kämpfte mit aller Ärztekunst, die ihr zur Verfügung stand, darum, das Herz wieder zum Schlagen zu bringen.

Als ausgebildetem Rettungssanitäter waren mir solche Situationen bekannt, doch das war schon fast 15 Jahre her. Die grundlegenden Wiederbelebungsmaßnahmen vergisst man allerdings nicht, was einem eine gewisse Sicherheit und Ruhe gibt, mit einer solchen Situation umzugehen. Heute war ich aber dennoch froh, dass Frida vor Ort war und ich nicht medizinisch eingreifen musste. Schnelle Hilfe ist dennoch das Allerwichtigste in solchen Situationen, egal ob man ausgebildet ist oder nicht. Machen ist in diesen Situationen immer besser als Lassen. Selbst in den Medien wird es immer wieder thematisiert. Bei der Herzdruckmassage ist es wichtig, senkrecht in einem Rhythmus von 100 bis 120 Pushes pro Minute auf den Brustkorb zu drücken. Für den richtigen Rhythmus gibt es Eselsbrücken in Form von Songs, die man im Kopf für sich summen kann, um das richtige Tempo der Massage zu finden. Ob Abbas »Dancing Queen«, »Quit Playing Games« von den Backstreet Boys oder irgendein anderes Lied in 100 bis 120 Beats per Minute, spielt dabei keine Rolle.

Keine Ahnung, ob Frida auch ein Lied im Kopf hatte, während sie versuchte, die alte Dame zu reanimieren, aber plötzlich rief sie, gezeichnet von der Anstrengung der Massage: »Ich habe sie! Sie atmet!«

In der Zwischenzeit hatte Bernd die anderen Jungs aus der Band gerufen, um sich als Sichtschutz rund um die Patientin aufzubauen. Nicht zum Gefallen der immer mehr werdenden Gaffer, die teils aggressiv gegen die Trachtenjungs wurden und sie aufs Übelste beschimpften. Ich war noch nie so froh, die Sirenen eines Notarztwagens zu hören, wie in dieser Sekunde. Schorsch und Tobi kehrten zur selben Sekunde mit zwei Polizisten und einem Defibrillator zurück. Frida hob einen Daumen, während sie die Frau weiter behandelte. Die Polizisten drückten derweil die Gaffer zurück und forderten über Funk Verstärkung an, nachdem sie ebenfalls bepöbelt wurden. Das Team des Krankenwagens stürzte zu uns. Frida gab sich den Rettungsleuten gegenüber sofort als Ärztin zu erkennen und übernahm das Kommando, während die Sanitäter ihr assistierten. Nachdem die Patientin wieder einigermaßen stabil war, hoben sie sie vorsichtig auf die Trage und schoben sie durch die Menschen in der Bahnhofshalle Richtung Rettungswagen. Für mich fühlte sich das alles surreal an.

»Ich danke euch allen ganz herzlich. Ihr wart fantastisch!« Frida lächelte erleichtert. Die Zipfelklatscher klatschten für sie. »Mogst net mitkomma? Dann hob ma a Leibärztin auf der Tour.«

»Ihr packt das schon so. Außerdem muss ich mich jetzt noch um die Dame kümmern. Ich fahr mit ins Krankenhaus.«

Ich gab Frida ihr Telefon, das ich immer noch von meinem Gespräch mit Oli in der Hand gehalten hatte.

»Kommst du klar?«, fragte sie und schenkte mir erneut ihr Million-Dollar-Lächeln.

»Ja, jetzt komme ich klar. Ich danke dir so sehr für alles.«

»Cossu, wir sehen uns wieder. Wenn du das nächste Mal in Berlin bist, melde dich unbedingt. Dein Freund hat ja meine Nummer auf seinem Handy. Ehrlich, dieser Vormittag? Das waren die verrücktesten fünf Stunden meines Lebens.« Sie drückte mir einen Kuss auf die Wange und winkte noch einmal in die Zipfelklatscherrunde. »Kümmert euch um meinen Mann, dass er wieder nach Stuttgart kommt.«

»Jo kloar, Frau Doktor, mochens Eaner kana Sorgen, des kriegma a no hi«, rief ihr Oberzipfelklatscher Bernd hinterher, während sie den Sanitätern zum Krankenwagen folgte.

»So schnö is ma sei Frau los.« Schorsch klopfte mir lachend auf die Schulter.

»Schön wär's, wenn das meine Frau wäre.«

»Oba, des hot so ausgschaut, als häts di gern.«

»Ja, aber anders, mein Freund. Mehr platonisch.«

»Wos maanst damit?«

»Ohne anfassen.«

»Ah, des is langweilig«, winkte Schorsch ab.

»Hey Jungs, mir ham an Bus! An Fünfundvierzigsitzer. Der kommt jetzt glei her und holt uns vor dem Bahnhof ab.«

»Supa!« Beifall von den Zipfelklatschern.

»Marlen is die Beste!«, skandierte Tobi.

»Jo, is scho recht, immer wenn du was brauchst, bin i die Beste.« Marlen war vielleicht Mitte 20, sah aus wie die frühe Christina Stürmer und sprach auch ähnlich. Mit einem Knopf im Ohr und dem Handy in der Hand wirbelte sie durch die im Pulk stehenden Männer.

»Hey Marlen, komm mal bitte her.« Bernd, der neben mir stand, winkte sie zu uns. »I komm glei, muss nur noch die Börschter und die zwa Ruhrpöttler anrufen, dass mir die jetzt dann abholen.«

Fragend schaute ich Bernd an. »Sie meint die anderen Bands. Die Friedrichstaler Börschter und des Duo Melanie und Thomas aus Gelsenkirchen.« Amüsiert lauschte ich diesen einmaligen Namen.

Wenige Momente später stand die quirlige Tourbegleiterin neben uns.

»Hi, ich bin die Marlen!«

»Des is der Cossu«, stellte mich Bernd vor. »Sozusagen ein Gestrandeter, wie mir alle.«

»Bei mir kommt noch erschwerend hinzu, dass mein Handy und Geld in einem Bus waren, der ohne mich weitergefahren ist, und ich eigentlich dringend nach Stuttgart muss«, fügte ich kleinlaut an.

In Marlens Augenwinkeln zeigten sich Grübchen.

»Vielleicht adoptier ma ihn und nehmen ihn bis Köln mit«, scherzte Bernd.

»Wennst nach Stuttgart willst, kannst morgen auch noch mit nach Heidelberg fahrn. Und der letzte Gig is dann Sonntag in Ulm. Also wegen mir kannst gern mitkommen. Mir san einundzwanzig Zipfelklatscher, vier Friedrichsthaler Börschter, Melanie, Thomas, also siebenundzwanzig und mir zwa. Ka Problem.«

Marlen war die perfekte Tourmanagerin. Freundlich, gut gelaunt, hellwach, eine Tonne Hummeln im Hintern und stresserprobt.

»Das ist wirklich supernett von euch«, bedankte ich mich höflich, »aber eine einzige Bitte hätte ich noch: Mein Handy ist ja auch weg und ich müsste meinem Kumpel Oli in Stuttgart eine Telefonnummer geben, unter der er mich erreichen kann.«

Marlen drückte mir ihr Mobiltelefon in die Hand. »Da, ruf ihn an, dann hat er die Nummer. Die Kistn is Tag und Nacht auf Empfang. Ich muss ja die ganze Bagage hier immer zamhalten. Da muss ich erreichbar sein.«

»Vielen Dank! Ich mach schnell!«

Oli ging gerade nicht ran. Vielleicht telefonierte er zur Sekunde mit Anika, auf dem Festnetz. Allein, dass ich daran dachte, er sei gerade mit Anika an einem anderen Gerät, nur weil ich ihn gerade nicht erreichte, zeigte schon, wie schlecht mein Gewissen war und welches Magengrummeln mir die Situation machte. Ginge es nicht um die Ringe, hätte ich keinen Gedanken daran verschwendet und wäre tiefenentspannt mit den Zipfelklatschern nach Köln und dann weiter nach Heidelberg gefahren. Ich schickte Oliver eine kurze WhatsApp: *Hi Bruder, bin jetzt über diese Nummer hier erreichbar. Das ist die von Marlen, der Tourmanagerin. Fahre mit denen jetzt im Bus mit nach Köln. Erklär ich dir später! LG Cossu.*

Gerade als ich Marlen das Smartphone wieder in die Hand drückte, klingelte es. Ich dachte schon, für Oliver wäre das sehr schnell gewesen, aber es war der Fahrer, der durchgab, dass er mit dem Bus vor dem Hauptbahnhof stehe.

»Jungs, da Bus is do!«, rief Marlen mit ihrem lauten Wiener Organ. »Kommts olle hinter mir her. I waaß, wo er is.«

Die 21 Zipfelklatscher und ich folgten Marlen durch den immer noch knallvollen Bahnhof. Eine Herausforderung, da die meisten der Jungs neben ihrem Koffer auch noch ein Instrument schleppen mussten. Ich packte mit an und half Bernd und Tobi mit ihren sperrigen Blasinstrumenten. Welche Lärmquellen genau sich in den Koffern befanden, hatte ich bislang noch nicht einmal Gelegenheit gehabt zu fragen.

Gemeinsam mit Bernd lief ich direkt hinter Marlen. Sie legte ein ziemliches Tempo vor. Mit einem immer wiederkehrenden, lauten »Entschuldigung« pflügte sie durch die Menge. Die Menschen wichen zur Seite. Hier und da konnte man Flüche und Pöbeleien in nahezu jedem deutschen Dialekt und den gängigsten Berliner Fremdsprachen wie Arabisch, Türkisch, Albanisch und Russisch vernehmen. Marlen drehte sich kurz um und trieb ihre Herde an. »Auf geht's, Leit, mir müssen uns a bisserl beeilen, damit ma um 6 zum Soundcheck in Köln in der Halle sind.« Durch einen der Earpods, die sie immer trug, nahm sie nebenbei ein Gespräch an.

»Wer ist dran? Oliver? Cossu kann grad net. Er meldet sich in 20, 30 Minuten aus dem Bus. Passt des? Super!« Marlen drehte sich im Weitergehen kurz zu mir. Ich hatte es gehört und nickte zustimmend.

»Woher weißt du eigentlich, wo der Bus genau steht?«, rief ich ihr hinterher.

»Intuition! Na, Blödsinn, der Busfahrer hat mir den Standort geschickt.«

VIII.

Vor dem Bahnhof wartete unser quietschroter 45er-Bus der Firma WinneTours auf einem dafür vorgesehenen Stellplatz. Der Name des Unternehmens erinnerte mich nicht zufällig an den guten Apachenhäuptling meiner Kindheit, der zusammen mit seinem Blutsbruder Old Shatterhand für Gerechtigkeit und Frieden kämpfte.

»Tach, ich bin Winne und großer Karl-May-Fan, wie man auch am Firmennamen erkennen kann«, stellte sich unser Busfahrer vor. Die Älteren unter den Musikern lachten sich über den Namen kaputt. Sie kannten den deutschen Schriftsteller, der in seinen Büchern vor allem den fiktiven »Wilden Westen« beschrieben hatte. Die Jüngeren verstanden überhaupt nicht, was der Mann meinte. Ich war alt genug, um Winnetou zu kennen, wusste aber sonst nur wenig über das Thema. May schrieb seine Abenteuerromane, ohne jemals vorher in Amerika gewesen zu sein. Alle Personen, Geschichten und Orte entsprangen ausschließlich seiner Fantasie. Schon dreist, aber sehr erfolgreich. Weltweit hat er insgesamt über 200 Millionen Bücher verkauft.

Winne stand vor dem Bus, bei dem alle nach und nach ihr Gepäck in den Stauraum verluden. »Ich fahre euch jetzt die nächsten zwei Tage, zuerst nach Köln und dann morgen weiter nach Heidelberg.« Von der ersten Sekunde an wirkte der Urberliner wie der lustige und hilfsbereite Zeitgenosse, der er schließlich auch war. Keiner, der mich auf einer Autobahnraststätte vergessen würde. Hoffentlich …

Winne, der eigentlich Winfried hieß und von seinen Freunden seit der frühesten Kindheit Winne genannt wurde, war klein und drahtig. Das sofort erkennbare Toupet auf seinem Kopf erinnerte mich spontan an Horst Schlämmer, den von Hape Kerkeling gespielten Lokalreporter.

Nachdem das Gepäck verstaut war, folgte ich Marlen als Letzter in den Bus. Drinnen saßen schon die vier Jungs der Friedrichsthaler Börschter im vorderen Bereich. Zwei Reihen dahinter Melanie und Thomas, das wohl aus Funk und Fernsehen bekannte Volksmusik-Schlager-Duo. Ich kannte keinen davon, aber das hatte nichts zu bedeuten, da ich mich in dieser Art von Musik nicht wirklich gut auskenne. Meine neuen Freunde von den Wendlsteiner Zipfelklatschern hatten es sich bereits im hinteren Bereich des Busses gemütlich gemacht. Marlen stellte mir die vier Jungs der Friedrichsthaler Börschter vor. »Das sind Benny, Justin, Mo und Frank alias François, aus Saarbrücken.«

Ich klatschte mit den Jungs ab. Alle zwischen 25 und 30, wirkten sie auf den ersten Blick wie eine gecastete Boyband. Für jeden Frauen- oder Männergeschmack war etwas dabei. Benny als der gescheitelte, blondierte Typ mit Bürstenhaarschnitt, Justin hingehuscht wie gerade erst aufgestanden. Seine ebenfalls blondierte Mähne stand wild ab. Frank alias François gab den Latin Lover Marke Enrique Iglesias und Mo, der eigentlich Maurice hieß und dessen Mutter aus Venezuela stammte, hatte raspelkurze schwarze Haare, dunkle Mandelaugen und einen schönen braunen Teint. Bemerkenswert austrainiert waren sie alle.

»Und ihr seid die Börschter aus dem Saarland?« Als ich das aussprach, musste ich schon grinsen.

»Aber sowas von, und wer bist du?«, fragte Benny neugierig.

»Cossu, eigentlich Lukas. Höre auf beides.«

»Machst auch Musik?«

»Ähm, tatsächlich ja.«

»Sonst wärst du ja jetzt nicht hier im Bus.«

»Na, des stimmt so ned«, warf Marlen ein. »Cossu ist ein Gast.« Sie lächelte mir zu. »Eigentlich is er jetzt so was wia unser First Assistant Tourmanager.«

»Ey Jungs, warum ich hier bin, ist eine lange Geschichte, aber wir fahren ja noch ein Stück miteinander.«

Frank hatte inzwischen ein paar Dosen Bier aus einer Kühlbox geholt und sie an seine Jungs verteilt »Auf dich, Cossu!« Die vier hoben ihre Dosen zum Gruße. »Willkommen auf der Titanic.«

»Auf der musikalischen auf jeden Fall«, grätschte Marlen dazwischen.

»Magst auch ein Bier?« Frank streckte mir eine Dose entgegen.

»Klar, gern. Danke!« Ich nahm die Dose, klopfte dreimal auf die Oberfläche, ein Trick, damit sie beim Öffnen nicht überschäumt, und prostete den Jungs zu.

»Kein Problem, wir haben genug an Bord. Prost!«

Ich fühlte mich wohl hier. Nach der ganzen Scheiße und dem Tiefpunkt, als ich im Krankenhaus aufgewacht war, ging es endlich wieder klar aufwärts. Zuerst mein rettender Engel Frida, die ganz und gar nicht kühle Blonde aus dem hohen Norden, und jetzt hier mit Marlen und den ganzen skurrilen Musikern an Bord eines Busses Richtung Köln. Crazy, aber irgendwie geil.

»Komm, i stell da noch die Melanie und den Thomas vor.« Zwei Reihen weiter hinten saß Melanie links vom Gang und Thomas auf der anderen Seite. Ich hatte das Gefühl, die beiden zu kennen, ohne sie zu kennen und richtig zuordnen zu können. Die Phrase »bekannt aus Funk und Fernsehen« traf hier zu. Ich glaube, meine Oma hat die Musik ab und zu gehört oder im Fernsehen bei irgendeiner Samstagabendshow geschaut. Melanie war einen Tick jünger als Thomas, der die 60 knapp überschritten haben dürfte. Ich bin nicht gut im Schätzen, zumal beide aus der Nähe für ihr Alter sehr gut aussahen, allerdings auch so, als ob die Karosserie nicht mehr nur aus Originalteilen bestand und ein paar begabte Ärzte der Natur etwas nachgeholfen hatten.

»Hallo, junger Mann.« Während ich ihre rechte Hand schüttelte, fuhr sie sich mit der Linken durch die blond gefärbte Lockenmähne. Ihre Stimme klang samtig weich. Sie konnte wahrscheinlich meine Mutter sein, aber es fühlte sich nicht so an.

»Machst du auch Schlager?«

Ich lächelte verlegen. »Nein, ähm ... noch nicht.«

»Der Cossu begleitet uns bis Köln oder Heidelberg. I hab ihn so lang zu meinem First Assistant Tourmanager gmacht.«

»Dat ist ja süß von dir«, kommentierte Melanie in drolligem Ruhrpott-Sprech. Thomas war gerade in die Tageszeitung vertieft und streckte mir seine Pranke in Pfannengröße entgegen. Er war sehr muskulös für sein Alter und sicher einen Kopf größer als ich. Der Typ Gladiator, wie ihn Ralf Möller im gleichnamigen Film verkörperte. Seine Stimme und der Gelsenkirchener Zungenschlag passten ebenfalls, wobei Ralf Möller aus Recklinghausen stammte, was aber ebenfalls im Ruhrpott liegt. Ein einfaches »Tach, mein Jung!« musste fürs Erste reichen.

Neben Thomas lag ein kleiner, wuscheliger, rostbrauner Hund in einer Art Körbchen. Ich musste zweimal hinschauen, ob es sich um ein Stofftier handelte oder ob es ein wahrhaftiges Lebewesen war. Das Drehen des Kopfes und das Wedeln des Schwanzes hatte ich auch schon batteriebetrieben gesehen.

»Sach jetzt nix Falsches«, warf Thomas lächelnd ein. »Dat is nich dat größte Eichhörnchen der Welt.«

Thomas musste meine Gedanken gelesen haben.

»Dat is unser Zwergspitz Lumpi! Verstehsse? Spitz wie Lumpi!« Thomas prustete einen Lacher heraus.

»Tu nisch immer dat Lumpi so runtermachen!«, schimpfte Melanie.

»Mach isch doch nich! Unser Lumpi ist der Beste.« Thomas schob seine riesige Pranke unter das Häufchen Hund, hob ihn hinaus und streichelte ihn vorsichtig. In der monströsen Hand sah Lumpi noch einen Tick kleiner aus, als er es ohnehin schon war. Ein bizarres Bild: der Riese und sein Lumpi.

Marlen und ich setzten uns in die erste Reihe, genau hinter den Fahrer, sie auf der linken, ich auf der rechten Seite des Gangs, jeder für sich mit zwei Plätzen zum Ausstrecken. Sie gab mir ihr Smartphone. »Da hast, du musst ja noch dein Freund zrückrufen.«

»Wow, super, danke. Du denkst wirklich an alles, oder?«

»Des is mein Job.«

Ich wählte Olis Nummer, und als ob die letzten 24 Stunden alles verändert hätten, nahm er sofort ab.

»Ai Gude. Wie dann? Wo bist'n du?«

»Sieht wieder okay aus. Gerade eben bin ich mit dem Tourbus der Wendlsteiner Zipfelklatscher, der Friedrichsthaler Börschter und Manuela und Thomas in Berlin am Bahnhof losgefahren und auf dem Weg nach Köln.«

»Was? Wieso Köln?«

»Weil Köln die nächste Tourstation ist. Sonst hätte ich noch bis morgen Mittag in Berlin bleiben müssen.«

»Ai geh fott.« Oli wusste offensichtlich nicht so genau, was er davon halten sollte.

»Hast du mit Anika telefoniert?«

»Ja, mein Lieber, habe ich.«

Sein Ton gefiel mir nicht.

»Und?«

»Sie will dich nie wieder sehen.«

»Was?«

»Sie will jetzt mich als Trauzeugen.«

»Was?« Viel mehr als »Was?« brachte ich gerade nicht heraus. Marlen schaute mich schon besorgt an, als würde ich am anderen Ende der Leitung Schreckliches erfahren.

Oli lachte. »Nein, Alter, alles gut. Sie weiß doch, was für ein Chaot du bist. Anika ist entspannt. Alles top. Ich habe ihr gesagt, dass du heute nicht kommen kannst, wegen Bahnstreik und so. Sie meinte, wenn du zur Hochzeit da bist, passt es.«

»Boah, Gott sei Dank.«

Ich war beruhigt, wusste allerdings, dass sie in Wahrheit nicht völlig entspannt war, bevor alle Lichter auf Grün standen. Trotzdem waren das gute Nachrichten von der Hochzeitsfront.

»Was machen wir mit den Ringen im Gepäck?«

»Wie bereits gesagt. Du bewegst deinen Arsch persönlich zu den Flughafen-Bullen in Stuttgart und holst dein Scheiß ab, oder ...«

»Oder was?«

»Oder du schickst mir eine Vollmacht, dass ich das Gepäck in deinem Namen abholen darf. Dann übernehme ich das.«

Ich überlegte eine Sekunde und entschied mich dafür, den zweiten Vorschlag großartig zu finden.

»Vollmacht ist super. Ich schicke dir eine WhatsApp, in der steht, dass ich Oliver Klickstein erlaube, mein Gepäck entgegenzunehmen.«

»Super Idee, Cossu. Eine WhatsApp wird die Beamten überzeugen.«

Nun brauchte ich eine Sekunde, um zu begreifen, dass Oli den Sarkasmus-Modus eingeschaltet hatte.

»Ich brauche ein Dokument mit Unterschrift. Verstanne?« Mit seinem hessischen Akzent klang das niedlicher, als es gemeint war.

»Hast du eine Vorlage, die du mir aufs Handy von Marlen schicken kannst?«

»Nein, Digga, du hockst doch sowieso gerade im Bus und hast nichts zu tun. Schreib einfach eine Vollmacht mit der Hand, setze dein Autogramm drunter, scanne sie ein und schick sie mir, okay?«

»Ja, mache ich. Ich melde mich.«

»Was brauchst? A Vollmacht, damit dein Freund dei Gepäck abholen kann?« Marlen war wirklich ein ausgesprochen waches Wesen.

»Ich helf dir.«

Wie hat Mutti Angela immer gesagt: Wir schaffen das!

»Ich hob an a iPad dabei«, sagte Marlen. »Da tipp ma schnell den Text, du unterschreibst mit dem digitalen Stift und wir mailen es deim Freund.«

»Wow. Danke! Das wäre super!«

Mein Blick fiel aus dem Fenster auf das Ortsausgangsschild von Berlin. Die Stadtstraße verwandelte sich wieder in die Autobahn und so, wie heute früh alles mit einem Schock beim Anblick des Ortsschilds in Adalberts Auto begonnen hatte, endete das Berliner Kapitel hier glücklich in der Gegenrichtung.

IX.

Marlen tippte sich durch Google und wurde schnell fündig. »Hier, schau mal. I hob a Vorlage für eine Vollmacht zur Abholung einer Fundsache bei der Polizei gfunden.«

Ich warf einen Blick auf das schlichte Formular. Bei den Eckdaten zur Person blieb ich am Punkt *Personalausweisnummer* hängen.

»Shit«, raunte ich, »brauchen wir in der Vollmacht wirklich meine Passnummer?«

Marlen überlegte kurz. »Im Grunde schon.«

»Aber das Ding ist in meinem Rucksack, den Oli mit dieser Vollmacht abholen soll!«

»Pass auf, wir machen das so. Er soll unter Vollmachtnehmer seine ganzen Daten eintragen und er muss sowieso seinen Ausweis vorzeigen. Bei dir lassen wir die Zeile einfach frei und hoffen, dass das klargeht. Wenn nicht, sollen sie deinen Rucksack aufmachen und den Ausweis heraussuchen.«

»Perfekt!«

Marlen redete nicht viel, sie machte. Entschlossen, klar und gelassen.

Ein paar Minuten später war alles ausgefüllt, und Marlen hielt mir den digitalen Stift zum Unterschreiben vor die Nase.

Oliver antwortete mit einer kurzen WhatsApp: »Danke. Fahre nachher an den Flughafen und melde mich.«

»Danke, Marlen. Du hilfst mir wirklich sehr. Ich werde mich revanchieren.«

»Na, das hoff ich! Umsonst ist der Tod!« Ich liebte diese herzliche, österreichische Ironie.

Jetzt hoffte ich nur noch, dass Oli mithilfe der Vollmacht mein Gepäck tatsächlich aus den Fängen der Flughafenpolizei befreien konnte.

»Marlen, sog amoi, moch ma nochher irgendwo a Brotzeit?«

Bernd stand plötzlich im Gang zwischen uns. »Klar, host scho wieder Hunger?«

»No net, aber bald.«

Marlen schaute in ihren Zeitplan für den abendlichen Gig in Köln.

»Jetzt ist halb eins. Soundcheck ist um sechs. Ich würd sagen: Halt ma so um halb zwei für a halbe Stund in der Nähe von Magdeburg an. Passt des?«

»Super, Marlen, danke.«

»Mogst a Bier?«

Die Frage richtete sich an mich. Ich zögerte. »Nachher, wenn wir Pause machen. Ich hab grad noch, danke!«

»So mach mas.« Bernd grinste und ging wieder Richtung Heck zu seinen Zipfelklatschern.

»Dir wird's auch nicht langweilig, oder?«

»Na, net wirklich. Aber ganz ehrlich, ich lieb den Job. Ich mach des so oft, wie ich kann. Eigentlich studiere ich noch Literatur und Theater in Wien, aber in den Semesterferien bin ich meistens mit irgendeiner Produktion auf Tour. Damit finanzier ich mir mei Studium.«

»Bist auf Volksmusik und Schlager spezialisiert?«

Marlen lachte schallend. »Na, bitte ned. Aber ich mog ois gern. Rock, Hip-Hop, Pop, Schlager. Is mir wurscht. Am lustigsten is es aber tatsächlich mit den Wahnsinnigen hier.«

»Und was hörst du privat für Musik?«

»Gar keine! Na Spaß. Tagesform. Kann i gar net so sagen. I hör wirklich ois. I mog auch österreichische Musik.«

»Also stehst du doch mehr auf Volksmusik?«

»Des wor jetzt klor, dass du des sagst. Bei uns gibt's auch was anderes als Humbda Humbda. Schon mal was von Falco ghört? Oder diesem gewissen Mozart?«

»Mozart war ein Deutscher«

»So, so, jetzt wollts ihr Piefkes den Mozart eingemeinden. Na wirklich ned.«

»Doch, das hab ich mal gelesen. Salzburg war damals nicht Österreich!«

»Aber Deutschland war es auch net. Außerdem hat der Mozart die meiste Zeit in Wien glebt.«

»Okay, okay«, drehte ich grinsend bei. »Dafür haben wir Bach, und während ihr damals am Musizieren wart, haben wir uns in Deutschland gebildet und große Dichter und Denker hervorgebracht.«

»Ach ja, wen denn? Lothar Matthäus, Lukas Podolski?«

»Äh nein ... Schiller zum Beispiel und außerdem ...«

Bevor ich die nächsten klassischen Schriftsteller aus meinem Gedächtnis kramen konnte, klingelte Marlens Handy. »Sorry, das is mein Chef. Hallo Horst! Ja, alles gut.«

Ich lehnte mich zurück und betrachtete, wie die Wiesen, Felder und Flussufer friedlich an mir vorüberzogen. Es war ein sonniger Maitag, die Außentemperatur um die 20 Grad. Die Windräder auf den Feldern drehten sich nur leicht, offenbar ging kaum eine Brise. Ein Freund fragte mich einmal, ob ich denn glaube, dass wir den deutschen Energiebedarf auch ohne Kernkraft decken könnten. Er zweifelte das stark an. Ich weiß es ehrlich gesagt nicht. Ich weiß nur, dass es nicht reichen wird, wenn bloß wir in Deutschland nachhaltig leben und alle anderen großen Staaten dabei nicht mitmachen. Gern würde ich den Big Playern unter den Nationen manchmal zurufen: »Was nützt euch eure Erste-Klasse-Kabine, wenn das Schiff untergeht?« Aber sie würden nur milde lächeln und sagen: »Schau dir den Deutschen wieder an. Immer nur am Motzen.«

*

Es war inzwischen kurz vor halb zwei, als wir an einem Rasthof in der Nähe von Magdeburg haltmachten. Marlen telefonierte gerade mit der Roadcrew, die samt Sound- und Lichtanlage bereits in Köln angekommen war. Sie zeigte mir an, dass ich schon mal mit den anderen ins Restaurant gehen sollte. Die Zipfelklatscher und die Börschter hatten den Bus längst verlassen. Der Hunger trieb sie an die Auswahltheke des Selbstbedienungsrestaurants.

Als ich ausstieg, standen Winne, der Fahrer, und Thomas mit seinem Lumpi unweit der vorderen Tür und rauchten eine Zigarette. Ich sah mich um. Eigentlich wäre Urlaubsstimmung möglich gewesen, doch Raststätten hatten seit einigen Stunden einen faden Beigeschmack bekommen.

»Winne, du fährst aber nicht ohne mich los, okay? Das hatte ich heute schon mal«

»Keine Angst, ick hab dich im Blick.«

In dem Moment kam Melanie aus dem Bus und hakte sich beiläufig bei mir unter. »Komm, wir gehen auch wat essen.«

»Wollen wir nicht kurz auf Thomas warten?«

»Nee, der läuft nich weg, der kommt immer wiedda.«

Thomas hatte Melanie gehört und nickte bestätigend. »Isch bin gleich da.«

Als wir auf den Haupteingang zuliefen, verließ eine amerikanische Familie mit zwei Kindern zwischen zehn und fünfzehn Jahren die Raststätte. »Did you see the guys in there with the traditional costumes? They were typical Germans. One of them ordered sausage with Sauerkraut. That's why we call them Krauts. And all of them had a big beer. Isn't it crazy?«

Ja klar, dachte ich, *der Klassiker*. Natürlich bevölkern auch Gartenzwerge jeden Garten in Deutschland hinter einem Maschendrahtzaun. Und alle Amis tragen Cowboyhüte und fahren

Pick-up-Trucks. Die Chance, jemandem in Deutschland mit Tracht zu begegnen, war wirklich nicht besonders groß. Vor allem nicht an einem normalen Freitag in der Nähe von Magdeburg. Aber diese Familie hatte ihre Meinung nach dem Vortrag ihres Familienoberhauptes schon gebildet. Und so erzählten sie es immer weiter.

»Wat machs du denn so? Auch Musik? Erzähl doch mal ein bisschen.«

Melanie und ich betraten das Restaurant. »Ja, Musik mache ich auch. Rap. Außerdem bin ich als Comedian und Schauspieler am Start.«

»Super. Dat is ja geil.« Melanie strahlte mich an.

Die Zipfelklatscher und Börschter hatten ein paar Tische im Restaurant besetzt und machten sich bereits über ihr Essen her, als Melanie gerade ihre Spaghetti bolognese und ich meine Penne all'arrabbiata an der Theke entgegennahmen. Es sah nicht überzeugend lecker aus, aber ich hatte inzwischen wirklich Kohldampf. Melanie gönnte sich ein Gläschen Puffbrause, wie sie ihren Sekt nannte. Ich hatte mir gerade ein Cola Zero auf das Tablett gestellt, als Bernd hinter uns an der Kasse auftauchte.

»Mogst jetzt a Bier? Komm, ich lad dich ein.«

»Ja gut, komm, dann trink ich noch eins mit euch auf den Einstand.«

»So gfallst ma.« Bernd stellte ein zweites Bier und ein weiteres Glas auf sein Tablett und zahlte nach uns.

Melanie und ich setzten uns gegenüber von Benny, dem Börschter mit dem blondierten Bürstenschnitt, und François, dem Latin Lover. Bernd schenkte ein und stieß mit mir an. Schließlich hielten alle ihre Gläser zum Toast in die Höhe.

»Auf unseren neuen Mann an Bord!«

»Danke, Jungs.« Ich war wirklich gerührt, dass mich die anderen so schnell in ihrer Mitte aufgenommen hatten.

Ich testete die Konsistenz meiner Nudeln mit dem Befund *al matsche* statt *al dente*. Dafür waren sie natürlich deutlich teurer als beim Italiener. Arrabbiata waren sie auch nicht, also in irgendeiner Form würzig oder pikant. Das ließ sich mit Pfeffer noch ein bisschen korrigieren, der Mord an der Pasta neben mir allerdings nicht. Melanie zerkleinerte ihre Spaghetti in 2 Zentimeter lange Stücke, sodass *al dente* hierbei keine Rolle mehr spielte. Diesen Pastabrei hätte man auch mit dem Strohhalm konsumieren können. Grinsend zuckte sie mit den Achseln. »Sonst han isch die Soße auf de janze Klamotte.«

»In Italien ist das ein Straftatbestand«, frotzelte ich.

»Egal, wir sin hier in Deutschland. Da geht dat.«

»In Italien haben die übrigens gar keine Spaghetti bolognese. Die Soße heißt dort Ragù alla bolognese, und die Italiener essen es mit Tagliatelle oder Fettucine, weil die Spaghetti sich nicht mit der Soße verbinden und alles abrutscht.« Klugscheißerwissen von Cossu war angesagt.

»Siehste, und deshalb schneide ich sie klein. Dann sind dat janz andere Nudeln.«

»Okay, ich geb auf.«

Benny und François verfolgten amüsiert unser Gespräch. »Hättet ihr mal a Worscht gegessen. Di war okay.«

Im Augenwinkel sah ich, wie Melanie ihren Fuß unter dem Tisch unauffällig, aber absichtlich Richtung François schob und ihn damit berührte. Thomas saß unterdessen zwei Tische weiter mit ein paar Zipfelklatschern und interessierte sich herzlich wenig für seine Angetraute. Das einzig Blonde, was ihn interessierte, war das kühle Bier, das vor ihm stand.

Marlen gesellte sich zu uns an den Tisch. Sie hatte sich einen Salat mit Thunfisch geholt und setzte sich neben mich. Ihr »Mahlzeit!« in die Runde bedeutet in Österreich eher »Guten Appetit!« In Deutschland dagegen verwendet man »Mahlzeit«

mehr als Begrüßung um die Mittagszeit, wenn man Kollegen in der Firma über den Weg läuft.

Wie aus dem Nichts tauchten zwei junge Mädels um die 15 neben mir auf. »Moin! Du bist doch der von den Videos, oder?«

»Ähm, ja.«

»Können wir ein Selfie machen?«

»Ja, klar. Für eure Freundin?«

»Freundin? Nein für uns! Wir finden deine Reels Hammer!«

»Das freut mich!«, entgegnete ich und freute mich tatsächlich. Fans, die zugaben, Fans zu sein. Ich stand auf und machte mit den beiden ein Foto.

»Do schau, du bist jo a guade Partie«, witzelte Marlen.

»Ja klar, aber so was von. Mindestens zwei Fans!«

»Na dann sei nett zu mir. Dann hast vielleicht bald drei.«

Meine neuen Freunde von den Zipfelklatschern und Börschtern prosteten mir zu. Bernd grinste bewundernd. »Du bist ja berühmt! Oder vielleicht auch nur berüchtigt?«

Ich grinste vor mich hin. Die Situation gefiel mir.

Melanie und François hatten sich in der Zwischenzeit unbemerkt verdünnisiert.

»Jetzt müss ma dann weiterfahrn.« Marlen hatte den Zeitplan fest im Blick.

»Ich geh noch schnell für Großherzogtümer.«

»Für wen?«

»Ich bin Badener.«

»Heißt des ned Badenser?«

»Nein, das wäre eine Beleidigung.«

»Lass dich ned aufhalten, auch wenn des deutlich mehr Information war, als ich mir erhofft hatte.«

»Lieber so, als dass ihr ohne mich wegfahrt.«

»Des hängt davon ab, wie lang du brauchst.«

»Haha!«

»Na, wir warten, ka Angst.«

*

Die Toiletten befanden sich im Untergeschoss. Unnötig zu erwähnen, dass ich mal wieder keinen Euro in der Tasche hatte, um die Barriere des Eingangs zu überwinden. 48 Cent klimperten in meiner Hand. 52 zu wenig, um den Ansprüchen dieser doofen Maschine gerecht zu werden. Ich rannte wieder nach oben, um mir im Shop irgendetwas zu kaufen, nur um diesen Euro für den Toilettengang zu bekommen. Mein Blick fiel auf eine Dose Energydrink für 3,98 Euro. Ein wahres Schnäppchen. Egal, die Blase drückte und die anderen warteten sicher schon im Bus auf mich. Hoffentlich!

Zwei Kassen waren geöffnet. An Kasse 1 standen vier Menschen an. An Kasse 2 nur einer. Wie so oft im Leben, stellte ich mich natürlich an die kürzere Schlange, doch obwohl sie nur aus einer Person bestand, war es wie so oft im Leben die falsche Entscheidung. Der ältere Herr vor mir beglich seine Tankrechnung in bar. Mit spitzen Fingern zählte er hierzu den exakten Betrag aus seinem mit Kleingeld gefüllten Geldbeutel. An Kasse 1 war in der Zwischenzeit schon der fünfte Kunde bedient worden. Endlich hatte der Münzenmeister vor mir es geschafft, steckte die Quittung in den Geldbeutel und gab den Weg frei. Ich stellte meinen Einkauf auf die Theke.

»Haben Sie getankt?«

Ich verneinte.

»Kommt noch was dazu?«

»Nein, das ist alles!«

Muffelig scannte der Mann die Dose. »4,23 Euro.«

»Was? Ich dachte, das kostet 3,98 Euro.«

»Ja, plus 25 Cent Dosenpfand. Macht 4,23 Euro.« Er hielt mir die offene Hand entgegen. Ich gab ihm einen Fünf-Euro-Schein und er drückte mir 67 Cent in die Hand. Dabei schaute er mich schon nicht mehr an, sondern rief an mir vorbei: »Der Nächste!«

Ich trat zur Seite und warf einen Blick auf die Uhr an der Wand. Die Aktion hatte mich knapp fünf Minuten gekostet. Wie viel Kleingeld hatte ich jetzt eigentlich? Ich kramte in meiner Hosentasche. 48 plus 67 ... genug, um die Schleuse zwischen dem dringlich Bedürftigen und der Rückgabestation zu öffnen. Ich eilte hinab und fütterte den Zugangsautomaten. Gerade als ich die Tür zur Herrentoilette möglichst kontaktlos mit dem Ellbogen aufstoßen wollte, ging diese von innen auf und vor mir stand: Melanie! Beide zuckten wir kurz zusammen.

»Falschet Klo!«

»Ich?«

»Nee, isch! Sorry.« Sie huschte an mir vorbei und verschwand in der Damentoilette. Ich steuerte eines der beiden von insgesamt vier Pissoiren an, die nicht mit einer Plastiktüte als defekt abgedeckt waren. Während sich die Erleichterung nach und nach einstellte, verließ in meinem Rücken ein anderer Toilettenbesucher die Kabine. Im Augenwinkel dachte ich, François erkannt zu haben. Als ich genauer hinschaute, sah ich, wie er sich gerade eilig die Hände wusch und den Raum verließ.

War das Zufall, dass Melanie sich in der Toilette geirrt hatte und François sich gleichzeitig in derselben aufhielt? Hatte ich das vorhin falsch gesehen oder hatte Melanie mit ihm unter dem Tisch gefüßelt? Wenn dem so war, war es sicherlich das erste Mal. Und dann gehen die hier auf diese dreckige Toilette, um zu vögeln oder was auch immer. Unvorstellbar!

Ich musste mich beeilen und öffnete die Ausgangstür wieder mit dem Ellbogen, als unvermittelt Thomas mit Lumpi im Arm vor mir stand.

»Verdammt, bin ich jetzt erschrocken!«

Ich war gefühlt auf Lumpis Höhe und richtete meinen Blick langsam nach oben.

»Hast du meine Frau jesehen?« Sein Ton war ernst, meine Antwort kam wie aus der Pistole geschossen: »Nein.« Ich hatte mir überhaupt nichts zuschulden kommen lassen, aber trotzdem war mein Puls im roten Bereich. Thomas lachte. »Ganz ruhig, meine Alte sitzt schon lang im Bus. Isch such dich! Komm jetzt! Wir müssen weiterfahren, ist noch ein ganz schönes Stück nach Köln.«

Mir fiel ein Stein vom Herzen. Ohne, dass ich was für die Situation konnte, war ich Mitwisser und fühlte mich ertappt. Aber Mitwisser von was? Ich wusste gar nichts und wollte auch nichts wissen.

*

Als ich in den Bus stieg, klatschten alle Beifall und grölten gemeinsam zur Melodie des berühmten Hits: »Atemlos in den Bus, weil er eben manchmal muss.«

Marlen lächelte mich kopfschüttelnd an, und Winne kommentierte nur trocken: »Ich hab's dir versprochen, ich fahr nicht ohne dich!«

Benny und Justin von den Börschtern hatten zwei Akustikgitarren aus dem Frachtraum geholt, die Zipfelklatscher ein Akkordeon, Tamburins und ein paar Shaker.

Während wir ablegten und zurück auf die Autobahn fuhren, begannen Benny und Justin »All Summer Long« von Kid Rock anzustimmen. Das hatte ich jetzt nicht erwartet. Die Jungs spielten richtig geil Gitarre. Dazu sangen sie auch noch saugut. Eigentlich sang der ganze Bus, und diejenigen, die ein Instrument in der Hand hatten, jammten einfach mit. Statt Gitarrensolo gab's ein Akkordeonsolo von Bernd auf die Ohren. Der absolute Hammer. Alle groovten und klatschten im Beat. Dann wurde es kubanisch. Benny und Justin spielten eine etwas langsamere Version von »Guantanamera«, ein bisschen im Stil der Version von Wyclef Jean. Der ganze Bus grölte den Refrain. Ich wartete ab, dass die Strophe wieder einsetzte und rappte spontan auf den Beat:

Jo, was geht ab? Fuck, wo bin ich hier gelandet?
Wollte nur nach Stuggi, bin in Leipzig gestrandet.
Saß in nem Bus mit meim ganzen Gepäck,
in Bayreuth war Schluss, denn der Bus, der fuhr weg.
Adalbert nahm mich dann mit in seim Benzer,
blöd nur, dass ich auf der Fahrt dann gepennt hab.
Nix da mit Stuttgart, ich war in Berlin,
das darf doch nicht wahr sein, ich hab nen Termin.
Die Taschen sind leer und die Lichter gehn aus,
denn auf meinem Auge, da landet ne Faust.
Ich wach wieder auf – was ist passiert?
Ist das ein Engel? Ich bin grad verwirrt.
Der Engel heißt Frida, ich lieb ihren Vibe,
sie bringt mich zur Bahn, doch der Lokführer streikt.
Das kann doch nicht sein, mich zerreißt es im Innern,
ne Stunde darauf rap ich hier mit paar Spinnern.

Der ganze Bus bebte. Am Ende des Songs klatschten alle Beifall und skandierten: »Zugabe, Zugabe.«

Mann, war das eine Stimmung. Eine Runde High Five und dann erst mal einen Drink zur Feier des Tages. Endlich mal wieder ein Bier.

Marlen legte ihre Hand auf meine Schulter. »Du bist ja wirklich guat.«

»Danke!«

Ich drückte sie spontan.

»Hey, Cossu!«, rief Bernd. »Heut Abend kommst du mit auf die Bühne und wir machen alle zusammen als letzten Titel ›Guantanamera‹ genauso wie eben.« Alle riefen: »Cossu, Cossu!« Ich beschwichtigte mit beiden Händen und legte meinen Zeigefinger auf die Lippen. Erwartungsvoll starrten mich ein paar Dutzend Augen an. Dann brüllte ich in den Bus »Guantanamera!« und alle sangen sofort wieder mit. Der musikgewordene Wahnsinn!

Nachdem sich alles wieder ein bisschen beruhigt hatte, setzte ich mich zwischen die Jungs der Friedrichsthaler Börschter.

»Ihr spielt wirklich viehmäßig.«

»Was? Ist das jetzt eine Beleidigung?«

»Nein, das bedeutet in meinem Dialekt so viel wie saugut!«

»Danke für die Blumen!«

»Aber warum habt ihr eigentlich so einen saublöden Namen?«

Die vier lachten sich kaputt. »So respektlos hat das noch nie einer gefragt.«

Benny kriegte sich als Erster wieder ein. »Im Grunde war das ein Unfall, wie unsere ganze Karriere. Börschten heißt eigentlich gar nichts. Kommt natürlich von Bürsten, was man so sagt unter Kumpels. Kannst dir ja wahrscheinlich vorstellen, was wir damit gemeint haben. So nach dem Motto: ›Und, hasch se börscht?‹«

»Ich habe eine Vermutung.«

»Er meint Schnackseln«, kam es von der Seite. Tobi und Schorsch von den Zipfelklatschern hatten es sich inzwischen auch in unserer Ecke gemütlich gemacht. »Börschten is net des Gleiche, Börschten is cooler«, erklärte Justin.

»Aber Schnackseln is liaba«, konterte Schorsch.

»Nee, Schnackseln klingt kacke.«

»Haha«, kam es aus der Zipfelklatscherecke.

»Das Ding ist ja nur: Ihr schaut alle ziemlich gut aus, seid sportlich und wirkt wie eine gecastete Boyband. Dabei könnt ihr spielen und singen. Wer hat euch so zusammengestellt?«

»Niemand. Hat sich alles einfach so entwickelt. Wir haben mit 15 eine Schulband gegründet. Nix gecastet. Wir waren immer schon Kumpels, haben sogar zusammen in derselben Fußballmannschaft gespielt.«

»Und ihr habt immer schon Schlager geliebt?«

Viermal Kopfschütteln. »Nee, gar nicht. Eher so Alternative. Wir wollten Rockstars werden.«

»Und dann hat euch einer entdeckt?«

»Jein. Im Grunde war's ein Unfall, so'n bisschen wie bei Opus mit ›Live is Life‹, nur nicht ganz so groß. Die waren auch mal eine Rockband und haben den Song am Anfang mehr zum Spaß gemacht. Als sie dann ein Livealbum aufgenommen haben, haben sie den Song vor Publikum gespielt, und genau in dem Moment war das Tape zu Ende und der Song nicht drauf. Die Verantwortlichen sagten, sie sollen es noch einmal als Zugabe spielen, und diesmal war der Titel im Kasten. Aus dem Livetrack wurde ein weltweiter Superhit, und ab da wurden Opus nur noch mit dem einen Lied identifiziert. Wir haben auch so eine Mitgrölnummer aus Jux geschrieben, und bei einem unserer Konzerte war einer von der Plattenfirma da und hat uns quasi entdeckt. Seither fahren wir diesen Sound.«

Benny spielte den Refrain ihres Hits »Nur mit dir, Maria« an. Die anderen stiegen sofort ein. Ich kannte den Song. Ein absoluter Bierzeltbanger. Ihre Laufbahn verlief so, wie wenn ich als Rapper einen Ballermannsong machen würde.

Vor uns erschien eine große blaute Mülltüte in den Händen von Marlen. »Schmeißts da bitte euren ganzen Müll rein, auch die Dosen und Flaschen.«

»Aber doch nit die Pfandflaschen und Dosen«, grätschte Thomas dazwischen. Marlen legte den Kopf schief.

»Jo, was willst denn damit machen?«

»Zurückbringen. In den Automaten. Dat sind 25 Cent Pfand auf alle Dosen und PET-Flaschen.«

»Du, mir wurscht. Dann sammel du des ein und für den andern Müll bring i euch a anders Plastiksackerl. Oder will jemand seine Pfandflaschen behalten? Wenn ned, gebts es dem Thomas.«

Alle im Bus winkten ab.

»Isch weiß, dass ihr dat in Österreich noch nit habt. Aber ab 1. Januar 2025 kommt bei euch dat gleiche System.«

»Wirklich? Die Piefkes mal wieder die Streber, was Recycling angeht. Na bitte. Alles klar, Thomas, dann hab ich ja noch ein bisserl Zeit, mich dran zu gewöhnen«, grinste Marlen ihn an, als ihr Handy klingelte.

Thomas begann unterdessen, die Plastikflaschen und Dosen einzusammeln.

»Hier, Cossu, Oli ist dran.«

Ich nahm das Telefon und verzog mich in den vorderen Bereich. »Oli, was geht?«

»Gude, ich bin hier gerade bei der Polizei im Flughafen und habe ihnen deine Vollmacht gezeigt. Sie brauchen aber deinen Ausweis, zumindest als Kopie.«

»Mann, Oli, der ist in meinem Rucksack. Mein Handy auch.«

»Das habe ich dem Kollegen gerade gesagt. Warte, ich geb dich mal weiter.«

Am anderen Ende meldete sich eine sonore, schwäbelnde Männerstimme »Hallo, hier Polizeikommissar Brandt.«

»Ja, hallo Herr Brandt. Lukas Staier. Mein Freund hat Ihnen ja wahrscheinlich schon die ganze Geschichte erzählt. Meine ganzen persönlichen Gegenstände sind im Gepäck, dem silbernen Rollkoffer und meinem Rucksack. Ich habe Oliver, also Herrn Klickstein gebeten, mein Gepäck abzuholen, da ich noch nicht in Stuttgart bin. Daher die unterzeichnete Vollmacht. Mein Ausweis ist in meinem Rucksack.«

»Ja, des hab i scho verstande«, unterbrach mich Herr Polizeikommissar Brandt. »Aber i brauch Ihren Ausweis und i kann net einfach Ihr Gepäck durchsuche und vielleicht find ich da einen Ausweis von Herrn Staier. Woher soll ich wissen, dass Sie das sind, der die Vollmacht unterzeichnet hat? Ich weiß ja gar net, wie Sie aussehen.«

»Ich kann jemand bitten, ein Foto zu machen und es Ihnen zu schicken.«

»Noi, des hilft nix. Jetzt mache ma des ganz einfach. Sie sind ja sowieso noch unterwegs und wenn Sie zurück sind, komme Sie einfach her an den Flughafen und holen Ihr Gepäck persönlich. Dann mache ma auch den Rucksack auf und Sie könne dann Ihren Ausweis vorzeigen.«

»Herr Brandt, ich habe für meine Freunde …« Bevor ich weitersprechen konnte, unterbrach ich mich innerlich selbst, denn ein Gedanke schoss mir durch den Kopf: Durfte ich die Ringe eigentlich einfach so mitbringen oder musste ich diese verzollen?

»Höret Sie, Herr Staier, Sie komme einfach persönlich her und baschda. Ich hab jetzt keine Zeit.«

»Okay, aber ich werde voraussichtlich erst morgen oder Sonntag in Stuttgart sein.«

»Mir sind da. Tschüss.«

Er gab das Telefon wieder an Oli zurück. »Scheiße, Mann, jetzt hätte ich mir beinahe selbst ins eigene Fleisch geschnitten. Ich wollte gerade von den Ringen erzählen, aber darf ich die überhaupt mitbringen, ohne sie zu verzollen?«

»Alter, horschemo, keine Ahnung. Wo bist du jetzt eigentlich?« In der Sekunde fuhren wir gerade an einem Autobahnschild vorbei. »Irgendwo in der Nähe von Dortmund.«

»Wie kommst du dann weiter?«

»Morgen fahre ich mit dem Bus bis Heidelberg mit und dann wahrscheinlich mit dem Zug bis Stuttgart.«

»Alles klar, gib Bescheid. Ich hole dich dann ab.«

»Danke, ich melde mich morgen, wenn ich mehr weiß.«

Ich gab Marlen ihr Handy zurück.

»Probleme?«

»Das mit der Vollmacht hat leider nicht geklappt. Die Polizei akzeptiert die nicht. Ich muss persönlich hin und das Gepäck abholen! Bürokratiescheiße!«

»Jo, wobei, ab und zu ist in unserer wilden Zeit ein bisserl Ordnung gar ned so schlecht.«

»Sagt die, die Pfandflaschen in den Müll werfen will.«

Wir grinsten uns bittersüß an.

»Du hast doch irgendwas Verbotenes in deim Rucksack, weil du so a Wellen machst?«

»Ja, nein. Ich weiß nicht.«

»Du weißt nicht? Drogen?«

»Nein, nein. Nix Drogen. Ringe.«

»Ringe?

»Ja, Eheringe für meine Freunde. Ich hab das Zeug doch nur aus Mallorca mitgebracht, weil ich der Trauzeuge bin und am Montag die Hochzeit stattfindet. Als ich mit der Polizei telefoniert habe, wusste ich nicht, ob ich die Ringe vielleicht verzollen muss, und hab lieber die Klappe gehalten. Ach, alles scheiße.« Marlen konnte nicht überhören, wie mir die Sache an die Nieren ging.

»Des sind besonders kostbare Ringe, oder?«

»Erstens ist der Scheiß wahrscheinlich schweineteuer, weil es irgendein ganz seltenes Material ist. Außerdem selbst designt. Aber davon abgesehen – haben Eheringe nicht immer eine besondere Bedeutung und daher einen hohen Wert?«

»Jo, des stimmt scho irgendwie.«

»Und dann kommt der Trauzeuge, der schon vor der Hochzeit die Ringe verliert und sich nicht mal traut, die Braut anzurufen und ihr reinen Wein über die Lage einzuschenken.

Marlen drückte mich ungefragt. »Sie sind ned verloren. Dein Gepäck wurde doch gefunden.«

»Ich weiß, aber vielleicht hat sie ja einer geklaut oder …«

»Ach, Schmarn! Am Ende wird immer ois guad. Und wenn's ned guad is, is es ned des Ende! Schau, ich hab immer gsagt, falls ich mal heirat, will ich Ringe aus dem Kaugummiautomaten. Das Symbol is wichtiger als die Sache selbst.« Wie sie es immer schaffte, mir allein durch ihre Art mein Lächeln zurückzugeben.

*

Es war kurz nach 17 Uhr, als wir die Stadtgrenze von Köln erreichten. Über die Lautsprecheranlage gab Marlen den weiteren Zeitplan durch. »Mir sin jetz in 20 Minuten in der Halle. Dann machma den Soundcheck wia gwohnt. Erstamol die Börschter, dann die Zipfelklatscher und zum Schluss Melanie und Thomas. Ganz am Schluss ›Guantanamera‹ alle zusammen mit Cossu. Heut Abend werden ungefähr 2000 Zuschauer erwartet.«

Langsam wurde mir bewusst, dass die Jungs es ernst meinten, dass ich heute Abend mit ihnen auf die Bühne kommen sollte. Ich hatte wirklich Bock darauf, mit ihnen bei der Zugabe die Hütte abzureißen.

»Der Soundcheck geht bis circa 18.30 Uhr«, fuhr Marlen fort. »Danach könnt ihr euch dort duschen und herrichten. Die Show fängt um 20 Uhr mit den Börschtern an, bis 20.45 Uhr, dann Umbau und um 21 Uhr ist dann Showtime für die Zipfelklatscher. Um 22 Uhr kommen Manuela und Thomas dazu. Ab Viertel vor elf Zugaben, Finalsong mit Cossu und Show-Ende um 23 Uhr. Im Anschluss hob i in der Altstadt noch einen Tisch bestellt in einer coolen Kölschkneipen. Da gibt's auch noch was zum Essen. Vor dem Gig hamma Catering in der Halle.«

Applaus, Applaus für Marlen, die ihren Tourmanager-Job wirklich herausragend erledigte. Das habe ich auch schon ganz anders erlebt.

X.

Wenig später fuhr unser Bus am Bühneneingang der Halle vor, wo auch der Truck der Roadcrew und die Fahrzeuge des örtlichen Veranstalters parkten. Am Hintereingang standen schon die ersten versprengten Fans, die frühzeitig gekommen waren, um einen Blick auf ihre Idole und ein Autogramm erhaschen zu können. Durch die abgedunkelten Scheiben des Busses beobachtete ich, wie sich an der Bustür etwa ein Dutzend Personen versammelt hatte. Es waren fast nur weibliche Fans in ihren Dreißigern, Vierzigern und Fünfzigern, aufgedonnert, so gut es der Geschmack und das Budget zuließen. Das Oberteil einen Knopf weiter offen als im Alltag und die Aufregung mit einem Aperol Spritz, Hugo oder Weißwein aus der Dose schon leicht betäubt. Während die Männer im Bus ihre persönlichen Sachen zusammensuchten, kontrollierte Melanie mit einem Handspiegel Frisur und Make-up und zog ihren Lippenstift vorsichtshalber noch einmal nach. Marlen rief in den Bus: »Also, meine Liaben, auf in den Kampf. Nehmts alles mit, was ihr heut Abend brauchts. Alles andere könnts im Bus lassen. Winne wartet hier und fährt uns nach der Show direkt ins Hotel. Von dort gehen wir zu Fuß weiter in die Kneipen.«

Winne öffnete die Bustür, stieg mit Marlen als Erster aus und öffnete den Gepäckraum. Ich folgte. Die wartenden Fan-Mädels grinsten mich an, kannten mich aber nicht. Ich stellte mich zu Marlen und beobachtete die Situation. Die Aufregung stieg merklich, als hinter mir die Börschter den Bus verließen. Benny, Mo, Justin und François waren die Groupie-Magneten. Während sie Autogramme gaben und Selfie-Wünsche erfüllten, konnten Thomas und Melanie nahezu unbehelligt den Bus verlassen. Wortlos nahmen sie ihr Gepäck und stapften zur Halle.

»Ihre großen Zeiten sind zwar scho lang vorbei«, sagte Marlen, »aber live kommens immer noch gut an.«

Jetzt verließen die Zipfelklatscher den Bus, und die mittlerweile rund 50 Fans, die den Bus umstellten, brachten ihnen größte Herzlichkeit entgegen, diesen fröhlichen Bayern, die immer einen knackigen Spruch auf den Lippen hatten. Sie waren die Thomas Müllers des Schlagers und der Volksmusik. Nachdem sie geduldig alle Wünsche erfüllt hatten, drückte Marlen etwas aufs Tempo. »So jetzt, auf geht's, Soundcheck!«

Es ist eine Gabe, die Herde anzutreiben, ohne dass sie sich dadurch unter Druck gesetzt fühlt. Marlen benutzte dieselben Worte wie andere Menschen auch, doch war sie die Verkörperung der alten Weisheit »der Ton macht die Musik«. Etwas, was es in Deutschland nicht oft gibt. Vielleicht war es ihre österreichische Aussprache, die weicher klang als das metrisch harte Deutsch, oder einfach nur ihre Persönlichkeit. Ein schöner Mensch, von innen wie von außen.

Der Bus war leer, die Herde in der Halle, und Winne hatte jetzt Pause. Marlen hakte sich bei mir ein. »Komm, wir gehen rein, essen erst mal was und hören uns den Soundcheck an. Ach na, du musst ja mit auf die Bühne. Also geh i essen und du machst Soundcheck.«

Ihr unbezahlbares, lächelndes Augenzwinkern sperrte meine Kauleiste weit auf. »Ich?«

»Klor, du bist doch jetzt ein Teil der Tour.«

»Und Gage?«

»Wird mit den Transport- und Hotelkosten verrechnet.«

»Okay, verstanden!«

Wir lachten beide laut los.

»Ich sag Ingo, dem Tonmann, er soll dir ein Zusatzmikro einplanen, und du mochst am Ende des Soundchecks kurz, was du heit Obend vorhast. Dann weiß er, was auf ihn zukommt.

Wenig später saß ich im Zuschauerraum neben dem Mischpult auf einem Flightcase, einem riesigen Transportkoffer mit Rollen, und verfolgte den Soundcheck der Zipfelklatscher. Ingo war ein absoluter Könner seines Fachs. Mit seinen 54 Jahren hatte er inzwischen tausende Konzerte als Toningenieur auf dem Buckel. Seine graue Löwenmähne stand wild ab. Seine Haut war sonnengebräunt, seine Ruhe stoisch. Er wirkte wie der Skipper eines Segelschiffs, das sich auf Weltumrundung befindet. Ingo stammte ursprünglich aus Hannover, der Wiege vieler deutscher Hardrock-Bands wie auch den Scorpions, die es zu Weltruhm gebracht haben. In diesem Umfeld hatte er sein Handwerk gelernt, konnte aber alles mischen, wofür man ihn bezahlte. Marlen hatte mir erzählt, dass ihr Chef ihn für ganz unterschiedliche Projekte buchte. Inzwischen lebte er in Griechenland und flog für die Touren und Gigs ein. Nur wenig konnte Ingo aus der Ruhe bringen. Sein Sound war brillant. Glasklar und druckvoll brachte er alle 21 Musiker der Zipfelklatscher auf der Bühne zum Strahlen.

»Geiler Sound!«

Ingo grinste und zeigte den Daumen nach oben. »Kann nicht viel falsch machen! Gute Band!« Irritiert sah ich ihn an.

»Nein, wirklich«, bestätigte er. »Das, was ins Pult hineingeht, ist entscheidend. Ich dreh dann noch ein bisschen an den Reglern, aber die Jungs spielen richtig gut.«

»Hörst du so eine Musik auch privat?«

»Ich? Nein, sicher nicht, aber sie machen mir meinen Job leicht und lassen mich gut ausschauen.«

In der Halle waren überall Stehtische aufgestellt, sodass das Publikum nebenbei auch etwas trinken konnte. Wie auf einer Party mit drei Showacts.

»Na, wie jet et?« Ein Muskelpaket im Security-T-Shirt war vor mir aufgetaucht. »Hi, ich bin Arne.« Sein Handschlag war fest, sein Slang tief Kölsch. »Marlen hat mir jerade erzählt, dass du seit jestern auch dabei bist.«

»Ja, das stimmt. War eher ein Unfall.«

»Habe isch jehört, aber isch kenn disch aussen Internet. Find ich jeil, wat de machst mit die Dialekte und so. Den Kölner musst du noch ein bisschen üben, aber ist ja auch schwer als Schwabe.«

»Badener.«

»Wat meinste?«

»Ich bin aus Baden, nicht aus Schwaben. Das ist wie mit euch und den Düsseldorfern, da wird man nicht gern mit den anderen verwechselt, auch wenn man sich vielleicht ähnlicher ist, als man zugeben möchte. Aber danke dir!«

»Wenn du was brauchst, lass es mich wissen. Ich kenn in Köln jeden. Bei mir gibts des ›ne‹ nur im Namen, sonst kann ich dir alles organisieren. Weiber, wat zum Kiffen oder Coca. Kein Problem.«

Ich wusste nicht, was mir in dem Moment unangenehmer sein sollte. Der Gag mit dem »ne« nur im Namen oder die Selbstverständlichkeit, mit welcher er mir Prostituierte und harte Drogen anbot. Immerhin spürte ich den Schlag des Berliner Zuhälters immer noch auf meiner Nase. Aber Arne meinte es nur gut.

»Danke«, brummte ich, »im Moment alles gut.«

»Weißte, ich war früher Türsteher in Clubs, auch im Puff. Hatte selbst zwei Pferdchen am Laufen. Dann war isch mal vier Jahre in Urlaub, wenn de weißt, was isch mein. Schwedische Gardinen, weil et harte Winter waren. Hat ein bisschen viel geschneit in der Zeit.«

Er lachte sich schlapp über seine eigene Geschichte. Ich wusste natürlich sehr genau, was er meinte. So wie er rüberkam, schneite es bei ihm auch heute noch recht oft.

»Oder wenn de in irgendeinen Club willst, ich kenne die alle. Mit mir kommste überall rein. Auch Schwulenclubs, Transen, Darkroom. Wat de willst.«

Jetzt musste ich lachen. Was für ein Unikum. »Wenn dann Mädels, Arne, aber im Moment bin ich wunschlos glücklich.« Ich klopfte ihm auf die Schulter. »Aber ich weiß ja jetzt, mit wem ich reden muss.«

»So sieht's aus.«

»Cossu, geh mal auf die Bühne und mach, was du nachher machst«, unterbrach Ingo das Gespräch, »ich brauch einen Pegel.«

*

Wen würde es bei Marlens Organisation wundern – um Punkt 18.30 Uhr war der Soundcheck beendet. Über die Lautsprecher kam die Durchsage: »Doors open um 19 Uhr«. Die Bands verzogen sich in ihre Garderoben. Etwas runterkommen, umziehen, duschen, noch was trinken. Jeder hat da sein eigenes Ritual.

Marlen führte mich in einen Raum am Ende des Gangs. Sie drückte mir ein paar Handtücher und einen Beutel mit Toilettenartikeln wie Duschgel, Zahnbürste und Zahncreme in die Hand, zwei T-Shirts und ein cooles, kurzärmliges Hemd.

»Do, des wär normal jetzt mein Büro hier in der Halle, aber ich brauch das ned. Da kannst duschen und dich umziehen, wenn du willst. Essen und Trinken gibt es vorn im Cateringbereich und wenn du sonst noch was brauchst, meldst dich einfach.«

Ich war ohne Worte.

»Was ist los? Hat's dir die Sprache verschlagen?«

»Danke!«

»Na geht doch! I muss mi jetzt mit dem lokalen Veranstalter wegen der Abrechnung zsamsetzen. Bis nachher.«

Nachdem ich mich frisch gemacht und mir neue Klamotten angezogen hatte, begab ich mich in den Catering-Bereich, wo ein leckeres italienisches Buffet aufgebaut war. Ein paar Jungs der Zipfelklatscher saßen an einem der Tische. Melanie stand plötzlich neben mir, als ich gerade einen Blick auf die Gerichte warf.

»Lecker, lecker Brutschetta und Gnotschi mit Rahmsoße. Da weiß isch schon, wat isch will. Salätschen dazu und ein schönes Gläschen Proßätscho. Ich liebe es.« Nach ihrem Pastamord heute Mittag war ihre Aussprache der italienischen Gerichte und Getränke nun ein Anschlag auf meine Gehörgänge. Nachdem wir uns beide etwas vom Buffet genommen hatten, setzten wir uns zu den anderen an den Tisch.

»Ich fahr nach der Tour ein paar Tage nach Kannes. Warste da schon mal?«

»Kannes? Meinst du Cannes? Das S spricht man nicht.«

Sie grinste mich an. »Isch han en Freund, der sacht immer: Der ene kannes usspreche, der annere kannes bezahle.« Sie lachte und prostete mir mit ihrem Prosecco zu. »Jetzt hol isch mir noch en doppelte Expresso und dann mach isch mich mal schick.« Sprach sie, stand auf und ging zu dem jungen Kellner an der Espressomaschine.

Aus einem Seitenfenster hatte man einen super Blick auf den Platz vor dem Haupteingang. Einige hundert Menschen warteten auf den Einlass. Eine bunte Mischung der Geschlechter und Altersklassen. Es wirkte wie am Ballermann, nur gesitteter und etwas schicker angezogen.

Börschter François stellte sich neben mich, einen Joint in der Hand. Er öffnete das Fenster. »Stört's dich, wenn ich einen rauche?«

Ich schüttelte den Kopf.

»Ist ja jetzt legal in Deutschland.«

»Mich hätte es auch sonst nicht gestört.«

François grinste. »Aber das ganze Gesetz ist wieder so ne Krücke. Man muss Mitglied in irgendeinem Anbauverein sein. Dort wird man registriert. Da hab ich doch kein Bock drauf. Germany, no points, wie beim ESC.«

»In Sachen ESC haste recht, but we are the Germans!«

In einiger Entfernung kam Melanie aus ihrer Garderobe. Komplett aufgestylt sah sie mit ihren knapp 60 fast 20 Jahre jünger aus. Ich schaute François an, während er gerade einen tiefen Zug nahm.

»Hast du was mit ihr?«

»Wieso?«

»Nur so.«

»Wer hat nichts mit ihr?«

»Ich!«

»Dann würde ich es mal testen.« Bereits leicht stoned, grinste er in seinen Bart. »Wir sehen uns auf der Bühne.« Er schlenderte zurück zu seiner Garderobe.

*

Draußen kam Bewegung in die Menge. Die Tore zur Halle wurden geöffnet, und einige hundert Zuschauer wollten offensichtlich zur selben Zeit hinein. Die Ordner hatten alle Hände voll zu tun, die drängelnde Menge im Griff zu halten. Im Ausland habe ich das so noch nie erlebt. Dort stellen sich die Leute in der Schlange an und betreten einer nach dem anderen ruhig und ohne Geschubse eine Veranstaltung oder auch einfach nur einen Bus. Jeder kommt rein, jeder wird einen Platz haben und jeder wird die Show sehen. Warum ist das bei uns gleich immer so eine existenzielle Geschichte? Ist es: Ich gönne dem anderen nicht, dass er vor mir drin ist? Oder: Ich habe Angst, dass ich nicht mehr reinkomme? Wie im Straßenverkehr, wenn zwei Spuren zu einer werden und das Reißverschlusssystem greift. Oder besser: greifen sollte. Denn wie oft habe ich schon erlebt, dass mein Gegenüber lieber seinem Vordermann auf die Stoßstange auffährt, bevor er mich reinlässt. Und das, obwohl ich eigentlich im Recht wäre, da ein großes Verkehrsschild den Mechanismus erklärt. Ähnlich ist es auf der Autobahn. Eigentlich dient die linke Spur nur dazu, eben zu überholen, aber viele denken, dass sie die Straße mit ihren Steuern mitbezahlt haben und sie daher, selbst wenn rechts alles frei ist, gleichermaßen berechtigt sind, auch mit geringerer Geschwindigkeit auf der linken Spur zu fahren. Wie gerade draußen am Einlass. Würden nicht alle auf einmal versuchen, durch das Nadelöhr Tür zu kommen, wären wahrscheinlich schon alle drin.

Um kurz vor 8 Uhr war die Stimmung in der Halle bereits super. Ich hatte mir ein ruhiges Plätzchen hinter der Bühne gesucht, von wo ich alles im Blick behielt. Hinter der Bühne stieg unterdessen das Lampenfieber. Das TV-Team eines Regionalsenders interviewte Melanie und Thomas, die als Ruhrpottvertreter aus der Nachbarregion kamen und im Vergleich zu den Bayern so etwas wie die Local Heroes waren. Verliebt wie am ersten Tag, hakte sich Melanie in einem paillettenbesetzten, dunkelgrünen Röckchen bei ihrem Mann unter, der in seinem weinroten Samtsakko und schwarzer Hose nun auch eine stattliche Erscheinung war. Das sah schon mal ganz anders aus als vorhin in weiß besockten Birkenstocks, die ich ja selber noch anhatte. Allerdings waren meine Socken schon leicht gelbbräunlich.

»Mein Thomas und ich sind jetzt fast 40 Jahre verheiratet und glücklich wie am ersten Tag«, strahlte Melanie in die Kamera. Thomas hatte sein Lächeln tausende Male trainiert und nickte bescheiden zustimmend.

»Ihr habt keine Kinder«, konstatierte die Moderatorin. »Wolltet ihr keine oder hat es nicht sollen sein?«

»Ich denke, die Natur hatte früher einige Chancen«, zwinkerte Melanie lachend, »aber es sollte wohl nicht sein. Unser Zwergspitz Lumpi ist unser Baby.«

»Ja, dat Lumpi, dat is unser Baby«, bestätigte Thomas. Charmant lächelten die beiden alle weiteren Fragen zu dem Thema weg.

»Ihr spielt heute auch eure neue Single ›Einmal Himmel und zurück‹. Die Verse da drin – so hoch geflogen, der Sonne ganz nah / die Liebe verloren, das Leben noch da – sind das biografische Zeilen?«

»Nee, dat is'n Text von Klaus Weidenraiter, unserem Texter«, erklärte Thomas trocken.

»Wir schreiben ja zum Glück nich selber, sonst müsste wir ja Bürgergeld beantragen«, ballerte Melanie ins Mikro. Allseits Grinsen.

»Alles klar. Herzlichen Dank für das Interview und viel Glück für die neue Single!«

In der Halle erloschen die Saallichter. Ein Aufschrei der Fans signalisierte, dass es gleich losging. Marlen stand mit einem Klemmbrett in der Hand am seitlichen Bühnenrand. Neben ihr Björn, der Moderator des Abends, eigentlich mehr der Ansager. Wie er seinen gescheitelten Kopf immer wieder in den Nacken warf, deutete nicht auf einen klassischen Hetero hin. War er natürlich auch nicht. Björn war stockschwul, und das war auch gut so, vor allem in dieser Stadt.

Marlen gab Björn ein Zeichen und unter frenetischem Beifall der Fans tänzelte er in einem grünen Glitzersakko auf die Bühne.

»Hallo, einen wunderschönen guten Abend. Seid ihr gut drauf?« Jubel und Geschrei. »Willkommen bei der fünften Ausgabe von Martys Schlagerparty. Heute mit am Start: Die Wendlsteiner Zipfelklatscher, Melanie und Thomas und anfangen werden wir jetzt gleich mit den Shootingstars der Schlagerszene, den Friedrichsthaler Börschtern!«

Während Björn links von der Bühne abging, sprangen die vier Börschter von rechts hinauf. François an der Gitarre, Justin am Bass, Mo am Schlagzeug und Benny an den Keyboards. Singen konnten sie alle herausragend, und so hatte jeder seinen Part.

Während Marlen alles im Hintergrund organisierte, beobachtete ich das Treiben auf, vor und hinter der Bühne. Melanie tanzte mit einem Glas Sekt in der Hand zu den Börschter Beats und warf mir immer wieder einen beiläufigen Blick und ein Lächeln zu. Von Thomas keine Spur. Marlen streifte mich im Vorbeilaufen. »I glaub, du hast einen neuen Fan?«

»Was meinst du?«

»Melanie kann ja kaum woanders hinschauen.«

»Quatsch, die steht auf die Börschter.«

»Sie steht auf ois, glaub mir.«

»Das habe ich vorhin auch schon mal gehört. Wo ist eigentlich Thomas?«

»Wahrscheinlich sitzt a wieder in der Graderobe und schreibt an seinem veganen Kochbuch weiter.«

»An seinem was? Der schluckt doch jeden Tag ein Wildschwein!«

»Klores Nein zu Wildschwein, aber klorer Sieger in der Halbliterklasse!«, lachte sie und war schon wieder auf dem Sprung.

»Halbliterklasse?«

»Bier! Aber erst nach dem Gig! Ein Hoch auf das deutsche Reinheitsgebot. Deutsches Bier ist nämlich immer vegan.«

Thomas war eine ziemliche Wundertüte. Ein Riesenbär mit Minihund, Birkenstocks, Schlagersänger, seit fast 40 Jahren mit Melanie verheiratet, die alles, was nicht bei Einskommadrei auf dem Baum ist, mit körperlicher Liebe überschüttet. Das konnte ihm nicht verborgen geblieben sein. Und die Nummer mit Veganer passte überhaupt nicht. Das mit dem Bier hätte ich geglaubt. Aber warum blieb er bei Melanie? Gelebter Masochismus? Ich hatte keine Erklärung.

*

Die vier Börschter lieferten richtig geil ab. Nach einer Dreiviertelstunde, die mir wie zehn Minuten vorkam, war es auch schon vorbei, zwei Zugaben inklusive. Das Publikum hätte wahrscheinlich fünf als angemessen empfunden. Ich klatschte die Jungs ab, als sie außer Atem, aber glücklich von der Bühne kamen. Dann wurde es hektisch. Die Bühne musste komplett geräumt werden und das Equipment der Zipfelklatscher im selben Zuge aufgebaut. Björn schnappte sich ein Mikro: »15 Minuten Umbau. Dann geht es auch gleich weiter mit den Wendlsteiner Zipfelklatschern, gefolgt von Melanie und Thomas, begleitet von den Zipfelklatschern.«

Knapp 20 Minuten später leuchtete der Verfolgerspot allein auf Georg, den Drummer der Zipfelklatscher. Er begann den Gig allein mit dem Drum-Intro von »Live is life«. Das Publikum hatte er damit sofort. Sie rückten näher an den Bühnenrand und klatschten im Takt mit. Nach und nach kamen die anderen 20 Zipfelklatscher unter dem lauten Beifall der Fans auf die Bühne. Obwohl es nicht ihr Song, sondern eine Coverversion war, bildete es den perfekten Opener. Das Publikum war direkt auf Zug.

»Grüßts euch, Köln«, wandte sich Bernd nach dem ersten Song an das Volk. »Da wir Bayern ja dafür bekannt sind, als Missionare unsere Sprache auch bei den Preußen zu verbreiten – wisst ihr, was a Oachkatzlschwoaf ist?«

Gegröle im Publikum. Das Volk skandierte im Chor: »Eichhörnchenschwanz, Eichhörnchenschwanz!«

»Na bitte, es geht doch! Wos is a Schmarrn?«

Irgendjemand schreit aus dem Publikum: »Kaiserschmarrn!«

»Jo, des is a Schmarrn, wos du redst. A Schmarrn is a Blödsinn und a Kaiserschmarrn is was Guads zum Essen, aber aus Österreich. Erdäpfel haben ma beide, die Bayern und die Österreicher. Wissts ihr, was des is?«

Die Menge brüllt: »Kartoffel, Kartoffel!«

»Bravo. Es gibt ja heutzutage Leut, die die Deutschen Kartoffeln nennen. I mog Kartoffeln, liaber hab ich aber noch die Erdäpfel. Weiter geht's mit der Erdäpfelpolka.«

Bernd war ein Profi und eine Spaßmaschine. Ihm zuzuschauen machte richtig Laune, auch wenn die Musik bislang noch nie meine war. Er hatte die Menge im Griff, und die Zipfelklatscher rockten. Ja, sie rockten. Wenn ich mir in einer der Fernsehsendungen für Volksmusik und Schlager die Vollplaybackauftritte anschaute, bei denen die Künstler es oft nicht einmal schafften, ihre Lippen synchron zum Playback zu bewegen, dann war das hier ein anderer Sport, einfach Entertainment pur.

Melanie und Thomas warteten inzwischen am Bühnenrand auf ihren Auftritt. Ganz im Gegenteil zum TV-Interview vorhin habe ich die beiden noch nie wirklich miteinander sprechen oder interagieren sehen. Während Melanie an ihrem Outfit herumzupfte, stand Thomas dort wie ein mit Seidenhemd und Glitzersakko verkleideter Germane. Ich fand, der Name Thomas wurde ihm nicht gerecht. Der Zweimeterhüne war für mich fortan Herman, Herman the German. Natürlich würde ich das nicht zu ihm sagen, aber für eine Unterhaltung unter intelligenten Menschen, also in Selbstgesprächen, erlaubte ich mir, ihn so zu nennen.

Der letzte Ton der Zipfelklatscher war kaum verklungen, als Björn die Bühne stürmte und nur ein kurzes »Und jetzt begrüßt bitte mit mir Melanie und Thomas!« ins Partyvolk feuerte. Die Fans überschlugen sich fast vor Begeisterung.

Aus der Backstage-Sicht beobachtete ich, wie Thomas Melanie die pfannengroße Pranke hinhielt, ohne sie anzusehen. Sie legte ihre manikürte Hand in seine. Dann setzten beide aus dem Nichts ihr strahlendes Lächeln auf, wie wir es sonst nur aus der Zahnpastawerbung oder von Profitänzern beim Auftritt kennen, und liefen unter dem Applaus des Volkes auf die Bühne.

Marlen drückte mir eine Flasche Wasser in die Hand. »Du mogst doch still, oder hob ich des falsch beobachtet?.

Sollte sie ihre Laufbahn als Tourmanagerin jemals beenden, stünde ihr eine Karriere als Agentin offen, so scharf, wie sie alles im Blick hatte.

»Wow, ich weiß gar nicht, was ich sagen soll.«

»Danke, ist völlig okay«, strahlte sie. »In 35 Minuten – Stagetime mit allen.« Sie verschwand wieder im hinteren Backstage-Bereich.

*

Den Deutschen sagt man ja wahrlich nicht nach, dass sie unnatürlich freundlich seien. Anders als bei den Amerikanern, die immer den Tick positiver wirken, als sie es womöglich gerade sind. Bei Melanie und Thomas war das anders. Die Diskrepanz zu dem, was ich hinter der Bühne erlebt hatte und was die beiden gerade boten, war das Gegensätzlichste, was ich je erlebt hatte.

Dem Publikum war es egal, sie konnten nichts von dem ahnen, was hinter den Kulissen passierte, und genossen einen gut gelaunten Auftritt ihrer zwei alten Hasen. There is no business like showbusiness.

Melanie und Thomas kündigten ihren letzten Song an. Justin klopfte mir von hinten auf die Schulter. Ich zuckte kurz zusammen. Die anderen drei Börschter gingen in Position. »Gleich geht's los!« Marlen zog mich auf die Seite. »Du gehst als Letzter auf die Bühne. Die spün jetzt noch a andere Zugabe, danach kommt ›Guantanamera‹. Bernd sogt di mitten im Liad an und dann kannst amoi zeigen, wosd drauf hast.«

Jetzt wurde mir dann doch etwas wärmer vom Lampenfieber. Bis eben war ich eigentlich ganz entspannt. Bei meinen eigenen Gigs war ich vorher deutlich nervöser, aber da ging es ja um mich und meine Show. Doch auch als Special Guest wollte ich heute weder mich noch die anderen blamieren.

Mit dem Schlussakkord ihrer neuen Single eilten Melanie und Thomas von der Bühne. Marlen streckte beiden eine Flasche Wasser entgegen, während das Partyvolk in Hochstimmung »Zugabe, Zugabe!« rief. Security-Mann und Teilzeitdealer Arne bot mir ein paar Tütchen mit Pillen und Pulvern an. »Brauchste was fürs Selbstbewusstsein??«

»Ne danke, lass mal stecken.«

Er zuckte nur kurz mit den Achseln und zog wieder ab.

Melanie und Thomas kehrten unter dem Jubel der Menge wieder auf die Bühne zurück. »Wir haben noch ein paar Überraschungen für euch«, rief Melanie dem Publikum zu. »Begrüßt noch mal mit mir die Friedrichsthaler Börschter!«

Bewaffnet mit zwei akustischen Gitarren und zwei Tamburins, warfen sich die Jungs in die wilde Fahrt. Alle zusammen, die Zipfelklatscher, die Börschter und das professionelle Gute-Laune-Darsteller-Duo, spielten eine völlig abgefahrene, außergewöhnliche Vollgasversion von Peter Schillings »Major Tom«. Als der Refrain aus 2000 Kehlen ertönte, hob die Halle, völlig losgelöst von der Erde, beinahe mit ab.

Nachdem der Song zu Ende war, sang das Volk einfach ohne musikalische Begleitung weiter. Ein letztes, langgezogenes »Vöööllig losgelöööööst« ging in rhythmisches Klatschen und »Hey, hey, hey«-Rufe über.

Ein Bühnentechniker kam auf mich zu, drückte mir ein Mikro in die Hand und nickte zustimmend. Mein Puls stieg sekündlich. Jetzt war ich richtig aufgeregt. Sollte ich das wirklich tun oder war es eigentlich eine saublöde Idee?

Die ersten Akkorde von »Guantanamera« mischten sich in die »Hey Hey«-Rufe der Fans und nahmen mir die Entscheidung ab. Alle, die auf der Bühne eine Hand freihatten, klatschten im Takt der Musik. Bernd sah grinsend zu mir, während er am Bühnenrand auf ein Mikrofon zulief. Marlen schob ihre Daumen unter die Finger, drückte die Fäuste zusammen und nickte aufmunternd. »Begrüßt mit mir unseren Special Guest für heute Abend: Cossu!« Bernd deutete in meine Richtung. Auf in den Kampf. Wie in Trance schwebte ich die paar Stufen zur Bühne hinauf, getragen durch die Begeisterung der Fans. Das Volk tobte. Die Band groovte. Alle sangen gemeinsam den kubanischen Klassiker in unserer Spezialversion. Meinen Rap-Part feuerte ich ab, als wenn ich noch nie etwas anderes gemacht hätte. Als der Song sich dem Ende näherte, wurde ich regelrecht melancholisch. Mit diesen Musikern auf und diesen Menschen vor der Bühne hätte ich noch stundenlang spielen können.

Mit dem letzten Ton gingen die Hallenlichter an. Ein Signal für das nimmersatte Publikum, dass es das für heute wirklich war. Die Arme über die Schultern der anderen gelegt, verneigten wir uns vor dem unglaublichen Publikum und verschwanden hinter der Bühne. Sofort bildete sich ein Kreis um mich. Alle klatschen Beifall, jeder nahm mich kurz mal in den Arm, klopfte mir auf die Schulter. Marlen drückte mich herzlich und flüsterte mir ins Ohr: »Des wor großes Kino. Mega! Da trink ma nochher an drauf.« In die Runde, die sich langsam im Raum verteilte und sich Getränke schnappte, rief sie: »In 20 Minuten Abfahrt zum Hotel und von dort dann zu Fuß weiter in die Kneipn. Da könnts auch noch was essen.«

Bernd drückte mir ein Bier in die Hand. »Auf dich. Des war super!«

»Auf euch!«, hob ich die Flasche. »Ihr seid der Wahnsinn, und ich kann kaum glauben, dass ich heute mit euch hier sein darf.« Wir stießen auf den Gig an.

XI.

Um kurz vor Mitternacht trudelten wir mit der ganzen Truppe in der gut gefüllten traditionellen Kölner Kneipe ein. Marlen hatte zwei lange Tische für 30 Personen reserviert. Beim Einchecken im Hotel zuvor hatte Marlen für mich auch noch ein Zimmer bekommen. Obwohl ich die letzten 40 Stunden, seit ich auf Mallorca aufgestanden war, nicht viel geschlafen hatte, hielt mich das Adrenalin im Blut wach. Ich war euphorisch, in bester Feierlaune. »Wo magst sitzen?« Natürlich lächelte Marlen, als sie mich fragte.

»Neben dir.« Mehr Wünsche hatte ich nicht.

»Ausgezeichnete Wahl! Komm, dann gehen wir ans Tischende. Da hamma die Burschen im Blick.«

Neben uns saßen Bernd und ein paar Zipfelklatscher. Auf der anderen Seite die Börschter Boys, wie ich sie nur noch nannte. Während ich mit den Jungs das eine oder andere Kölsch aus den schmalen, grazilen Gläsern vernichtete, genoss Marlen lieber ein schönes Gläschen Weißwein.

Die Jungs blätterten in der Speisekarte. Schorsch stupste Bernd an. »Schau, die haben sogar Nürnberger Rostbratwürschtl oder a Grillhaxn.«

»Na jo, in Köln probiere ich lieber was von den Preußen. Schau, da gibt's Himmel un Ääd.«

»Was soll des sei?«

»Gebratene Blutwurst, Kartoffelpüree und Apfelkompott.«

»Na, dann nehm ich lieber a Wiener Schnitzel.«

Schorsch war nicht nach Experimenten. Plötzlich entdeckte er auf der Karte den Halve Hahn.

»Des is guat. A hoiber Gockel mit einer Brezn. Des is es.«

»Halve Hahn is ka Gockel«, korrigierte Bernd. »Des is a Kas-Semmel mit Gurken und Senf.«

»Wos?« Schorsch konnte es nicht glauben. »San die bled, die Preußen.«

»Da bin ich auch schon mal reingefallen«, mischte ich mich ein.

Marlen stimmte zu: »Ich auch!«

Schorsch zuckte mit den Schultern. »Na guat, dann net! Aber des Kölsch kannst trinken. Is halt nix drin in den Glaseln. Nix für Bayern, die a Maß gwohnt sind.« Er prostete in die Runde.

»Der Köbes kommt«, merkte Marlen an, als sich im Hintergrund die Bedienung näherte.

»Was für a Kürbis?« Schorsch hatte den Begriff offensichtlich noch nie gehört. »Köbes. So sogt ma zu Kellner in Köln.« Marlen zwinkerte Schorsch zu.

»Ja, Kruzifix, kann hier auch mal einer Deutsch reden?«

»Wat darfs denn sein, die Herrschaften?«

»Heißt das nicht mittlerweile Herr- und Frauschaften?«, feixte Schorsch.

»Versteh isch nid!«

»Außerhalb vom Freistaat macht ihr doch oan Gespinne um dieses Dschendern.«

»Isch versteh das auch nich«, grummelte Thomas, »früher ging das ja auch ohne.«

»Und früher hamma uns auch ned im Auto angeschnallt und im Flugzeug graucht«, warf Marlen ein.

Thomas hatte keinen Bock auf die Diskussion. »Is mir jetzt egal, isch nehm es Schnitzel.«

»Ham wer nid!«, entgegnete der Köbes.

»Wat, wie, et jibt kein Schnitzel hier alla Kart?«

Thomas schüttelt ungläubig den Kopf.

Da musste ich doch mal nachfragen: »Du willst ein Schnitzel? Ich dachte, du schreibst ein veganes Kochbuch?«

»Ja, und? Glaubst du, der Papst ist noch Jungfrau?«

»Ja, glaub ich, aber was hat das damit zu tun?«

»Dat eine is, wat man nach außen predigt, und dat andere is, wat man im Privaten macht«, fügte Thomas an, als wäre es das Normalste auf der Welt.

»Ich leb ja seit drei Jahren vegan«, mischte sich François ein, »ist gesünder und besser für die Umwelt.«

»Aber hier mit uns in dem Bus mitfahren, Abgase produzieren und mit dem Flieger in Urlaub«, blaffte Schorsch in Richtung des Saarländers.

»Ja, nur weil man nicht alles richtig machen kann, heißt das doch nicht, dass man alles falsch machen muss. Das Leben ist halt nicht nur schwarz und weiß«, konterte François.

»Du redst ja a Schmarn. Und willst mir jetzt au erzähln, dir schmeckt zusammengepresstes Gras besser als a Leberkäs-Semmel?«

Schorsch winkte genervt ab. Auch der Kellner hatte genug gehört. »Leute, wollter jetzt wat bestellen oder diskutieren?«

*

Nach dem Essen löste sich der Verbund der beiden Tische mehr und mehr auf. Manche von den Jungs platzierten sich an der Theke, andere zogen noch weiter um die Häuser. Auch Marlen und ich machten es uns in der Ecke der Bar gemütlich, sie mit einem weiteren Wein, während ich beim Kölsch blieb. Ich leerte das leckere Gläschen in einem Zug. Kaum dass es den Bierdeckel wieder berührt hatte, stellte mir der Köbes schon ein neues hin und machte einen weiteren Strich auf dem Deckel. So behielt man die Übersicht darüber, wie viel man schon getrunken hatte. Der automatische Nachschub endete erst, wenn man den Bierdeckel auf das Glas legte – das Zeichen für den Köbes, wirklich keines mehr zu wollen. So weit waren wir an diesem Abend aber noch nicht. »Marlen, darf ich dich einen Moment allein lassen? Ich müsste mal.«

»Kann i ma denken. Getränkerückgabe!«

»Was?«

»Soll mas diskutieren oder gehst einfach Pipi machen?«

»Du sagst es.« Wir grinsten uns an.

Der Weg Richtung Toilette führte an der offenen Hintertür vorbei. Der Blick fiel auf einen Innenhof, in dem die leeren Getränkekisten und Fässer gelagert waren. Im Vorbeigehen sah ich, wie sich Melanie draußen gestenreich mit François unterhielt. Wenige Minuten später, als ich wieder aus der Toilette zurückkehrte, stand Melanie allein vor der Tür und zog aufgewühlt an einer Zigarette. Ich verharrte einen Moment und ging schließlich hinaus.

»Geht es dir nicht gut?«

Melanie erschrak kurz. »Doch, doch. Alles okay.« Sie hatte Tränen in den Augen, warf die Zigarette weg und drehte sich zu mir. »Findest du misch hässlich?«

»Ähm, nein, ganz und gar nicht. Wie kommst du darauf?«

Melanie hatte schon den ein oder anderen Sekt getrunken. Wahrscheinlich den ein oder anderen zu viel. Sie trat einen Schritt an mich heran und legte ihre Arme um mich. »Wenn du misch also gar nicht so hässlich findest, dann lass uns doch ins Hotel gehen.«

»Nein, Melanie, was ist denn los mit dir?«

»Ich möchte nicht mehr hier bleiben. Du wirst es nicht bereuen. Isch han vielseitige Fähigkeiten. Wir machen uns ein paar schöne Stünnchen.« Sie lachte, obwohl ihr die Tränen über die Wange liefen. Behutsam nahm ich ihre Hände von meinen Schultern.

»Was ist denn passiert? Was war mit François?«

»Gar nichts.«

»Und warum weinst du dann?«

Zittrig fischte sie eine weitere Zigarette aus ihrer Tasche und versuchte erfolglos, sie anzuzünden. Ich nahm ihr das Feuerzeug aus der Hand und zündete ihr die Zigarette an.

»Melanie, wir hatten heute einen super Gig. Du bist viele Jahre glücklich verheiratet, …« Sie lachte laut und nahm einen tiefen Zug. »… bist erfolgreich und siehst nicht nur für dein Alter bombe aus. Irgendwas passt da doch nicht.«

»Richtig. Es passt nich.« Sie machte wieder einen Schritt auf mich zu und strich meinen Oberschenkel aufwärts. Ich hielt ihre Hand fest. »Lass es!«

»Oh Gott, sag doch gleich, dat de auf Männer stehst.«

»Nein, das tue ich nicht. Komm, ich hole Thomas, und dann bringen wir dich zurück ins Hotel.«

»Nein! Lass Thomas da raus!« Sie warf die Zigarette auf das Pflaster, ging rein und verschwand in der Toilette.

Auf dem Weg zurück in den Gastraum kamen mir die vier Jungs von den Börschtern entgegen. Sie waren gerade dabei, die Lokalität zu verlassen. »Hey Cossu, kommst du mit? Wir gehen noch ein bisschen auf die Piste!«

»Nee, ich mach heute mal easy. Nach den letzten zwei Tagen sollte ich eine Runde pennen! Euch viel Spaß!«

Marlen tippte gerade eine Nachricht in ihr Handy, als ich mich wieder zu ihr an die Bar setzte.

»Sorry, dass es gedauert hat. Ich hatte gerade so was wie eine unheimliche Begegnung der dritten Art und musste noch was organisieren.«

»Was war los?«

Ich erzählte ihr von Melanie. Allerdings musste ich leise sprechen, da Thomas nur wenige Meter entfernt auf der anderen Seite der Bar stand und sich dort mit Arne, dem Alles-Besorger, sehr vertraut unterhielt.

Der Köbes stellte eine Flasche Prosecco und zwei Gläser auf die Theke und lächelte uns an. »Wohl bekomms. Noch en schönen Abend.« Marlen verstand für einen Moment nur Bahnhof.

»Kommst du mit?«, lächelte ich und griff nach den perlenden Picknick-Utensilien. »Ich habe da vorhin auf dem Weg ein nettes Plätzchen am Rhein entdeckt mit Blick auf die Sterne, und wir könnten auf diesen etwas anderen Tag anstoßen.«

»Du bist echt a Verrückter, a sehr lieber Verrückter. Dann lass uns zahlen.«

»Schon erledigt.«

An einem der langen Tische saß noch eine kleine, versprengte Restgruppe. Melanie unterhielt sich angeregt mit Schorsch von den Zipfelklatschern. Das nächste Opfer.

»Komm, wir empfehlen uns französisch«, sagte Marlen spitzbübisch. »I hob jetzt ka Lust, mich bei allen zu verabschieden.« Da konnte ich nur beipflichten. »Vamos, ab durch die Mitte!«

Wir schlenderten in der Nähe des Rheins Richtung Hotel. Das Plätzchen, das ich vorher entdeckt hatte, lag ungefähr auf halbem Weg. Ein idyllischer Mauervorsprung unweit des Ufers. Die Lichter der Großstadt spiegelten sich im schwarzen Wasser, das ruhig und erhaben an uns vorbeifloss. Ich zog meine Jacke aus und legte sie auf die Mauer. »Bitte schön, die Dame.«

Marlen tat überrascht. »Na, da schau, ein Gentleman.«

»Ja, was erwartest du denn von einem Badener?«

»Nix, wenn ich ehrlich bin, weil ich ned so viele kenn.«

»Muss man auch nicht. Du kennst ja jetzt mich.«

Ich öffnete den Prosecco und schoss den Korken meterweit in die dunklen Fluten. Marlen schaute mich ernst an. »Hast des jetzt nur gmacht, um mich zu beeindrucken, du Umweltverschmutzer?«

»Ähm, nein«, antwortete ich erschrocken. »Das war unabsichtlich. Ich bin froh, dass ich sie überhaupt aufgekriegt habe.«

Marlen lachte laut los. »Und i hob ghofft, du wolltest mich beeindrucken!«

»Nicht damit!«

Ich goss die italienische Brause in die Gläser, reichte Marlen eines davon, setzte mich neben sie und erhob das Glas. »Auf dich und das Leben und darauf, dass wir uns kennengelernt haben. Und danke, was du alles schon für mich getan hast.«

Marlen schaute mich mit ihren großen braunen Augen an.

»Wor des scho ois? Kein Antrag?«

Ihr Humor war manchmal trockener als die Sahara. Auch wenn ich mich erst daran gewöhnen musste, liebte ich es. Ich schüttelte den Kopf. »Nein. Wir kennen uns ja noch keine 24 Stunden. Vielleicht morgen!«

»Schade!«

Wir stießen auf unsere ersten 15 Stunden an.

»Schau, jetzt sitzt du hier mit mir und trinkst Prosecco auf einer Rheinmauer, dabei hast vorhin vielleicht a gute Partie verpasst.«

»Bei was?«

»Na mit Melanie warst doch schon an Schritt weiter.«

»Haha. Aber ehrlich, das vorhin fand ich schon ziemlich schräg.«

»Des is es auch«, bestätigte Marlen.

»Ich hab keine Ahnung, was bei Thomas und Melanie abgeht, aber irgendwie leben die beiden in unterschiedlichen Welten und treffen sich nur auf der Bühne als Ehepaar. Außerdem ist Melanie nymphoman oder sexsüchtig.«

»Nymphoman ist sie sicher ned. Auf der letzten Tour hat sie mir mal in einer langen Nacht ihr Herz ausgeschüttet. Sie is afoch auf der Suche nach Liebe, nach Geborgenheit, ned nach Sex.«

»Und darum vögelt sie sich durch die ganze Welt?«

»Jo, irgendwie scho.«

»Und was ist das für eine Nummer mit François?«

Marlen sah auf das Wasser und nahm einen Schluck aus dem Stielglas. »Ich erzähl dir jetzt was, aber behoids für di.«

»Dann erzähl es mir lieber nicht!«

»Doch, weil du so was verstehst. Du bist kana, der damit hausieren geht.«

Ich nickte.

»Die Affären mit François oder sonst wem sind Melanies Versuche, Liebe zu finden. Sie hot zu mir gsogt: ›Schau Marlen, i bin nur a Mädl, des an Burschn sucht, der sie liebt.‹«

»Und was ist mit Thomas? Okay, sie sind ewig verheiratet und haben sich wahrscheinlich auseinandergelebt.«

»Na, so wie ich des seh, waren sie nie wirklich zsam.«

»Was?« Jetzt wurde es kompliziert.

»Melanie ist wohl mit 18 zu Haus auszogen und hat dann bei einer Freundin gwohnt, die als Domina gearbeitet hat. Die hat sie auch in die Szene gebracht. Irgendwann hat Melanie auch angefangen, damit ihre Brötchen zu verdienen. Thomas war einer ihrer Stammkunden. Damals war er als Schlager-DJ unterwegs. Er hat gut verdient und ihr an Deal angeboten. Mir heiraten, ich sorg für dich und du hörst auf, dich an andere zu verkaufen und bist nur noch meine private Herrin. Schlussendlich hat sie dann mit ihm auch noch Musik gmacht. Sie hatten den einen oder anderen Hit vor 30, 40 Jahren.«

Ich konnte nicht glauben, was ich gerade hörte.

»Das fass ich nicht.«

»Jo, und sie will aus der Nummer raus. Seit vielen Jahren. Es gibt sogar Gerüchte, dass sie einen Auftragskiller auf Thomas angsetzt hat, der ihn zum Tourneeschluss in Ulm verschwinden lassen soll.«

Da saß sie, Marlen, und erzählte Dinge, die für mich ähnlich obskur klangen, als hätte sie mir offenbart, dass auf dem Grund des Rheins Nixen leben. Auch ich hatte auf Tour schon einiges erlebt, aber das toppte alles.

»I sog da jetzt was, bei dem du mir wirklich versprechen musst, dass du es niemand erzählst. Es wäre extrem gefährlich für uns beide, wenn auch nur ein einziges Wort davon den Falschen erreicht.«

Mein Blick schien vertrauenswürdig genug. Marlen schaute auf den Rhein, überlegte kurz und holte tief Luft. »Also, es ist so … Na, vergiss es.«

»Marlen, was? Das geht nicht, du kannst jetzt nicht mehr zurückziehen.«

Marlen schaute mir tief in die Augen. »Also, der Dirk – der, der eigentlich immer lacht.«

»Der mit dem Tattoo am Oberarm?«, fragte ich.

»Jo, genau der. Er heißt eigentlich Nikolo und ist Agent beim LKA. Sie haben ihn eingschleust, damit er im Notfall direkt eingreifen kann.«

Ich wusste nicht, ob es der Alkohol war oder die Tatsache, dass ich da anscheinend in eine Sache reingeraten war, deren Ausmaß selbst die Fälle des sonntäglichen Tatorts überstiegen. Wie in Schockstarre saß ich auf der Mauer.

Marlen konnte ihren ernsten Blick keine Sekunde länger aufrechterhalten und es platze aus ihr heraus: »Haha, Cossu, dir kann man jo ois erzählen! Du glaubst bestimmt auch noch ans Christkindl.«

»Warte, was? Hast du mich jetzt komplett verarscht oder war irgendwas davon wahr?«

»A wos, i hab doch selbst ka Ahnung, aber die Domina-Nummer hat sie mir wirklich erzählt.«

»Du bist ja krass.« Erleichtert lachte ich meinen Schock aus den Gliedern.

»Also niemand will hier irgendjemanden umbringen?«

»Nicht, dass ich wüsste.« Marlen stand auf. »Is schon fast drei, gema ins Hotel.«

Wenige Minuten später standen wir vor dem Fahrstuhl in der Lobby. Die Lifttür öffnete sich und wir stiegen ein. Marlen drückte die Taste für den zweiten Stock. »Drei, bitte.«

Sie lächelte und wählte für mich die Drei an. Als sich die Tür im zweiten Stock öffnete, nahm sie mich in den Arm, drückte mich fest und gab mir einen Kuss auf die Wange.

»Das war sehr schön heute. Schlaf gut.«

»Du auch«, war das Einzige, was ich herausbrachte. Eine unglaubliche positive Spannung lag in der Luft.

»Frühstück bis zehn, Abfahrt um zwölf«, hauchte sie mir noch zu, als die Fahrstuhltür im Begriff war, uns für diesen Tag zu trennen.

XII.

»Juten Morgen!« Als sich die Fahrstuhltür öffnete, starrte ich in die Augen des vermeintlich größten Eichhörnchens der Welt. Lumpi war auf meiner Höhe. Der Rest von Herman the German schwebte über dem Horizont meines noch verschlafenen Sehfeldes.

»Guten Morgen«, erwiderte ich, so freundlich es die Uhrzeit zuließ. »Schön, dass es dir gut geht.«

»Wat? Wieso denn auch nisch?«

»Ach, schon gut, ich hatte da so einen verrückten Traum.«

Thomas' Rolex, die mich von seinem baumstammdicken Handgelenk anblitzte, zeigte 9.32 Uhr. Frühstück bis zehn und Abfahrt um zwölf. Das hatte ich gespeichert.

»Harte Nacht, min Jung?« So gesprächig war er gestern den ganzen Tag nicht gewesen.

»Nein, aber irgendwie nicht lang genug.«

Thomas lachte. »Die Jugend!« Er verließ als Erster den Fahrstuhl und stampfte durch die Hotellobby. Es erinnerte mich an die berühmte Szene in *Jurassic Park*, in der das Wasser im Glas zu vibrieren beginnt, wenn die Dinosaurier sich nähern. Ob das jetzt wohl in den Kaffeetassen im Frühstücksraum der Fall war? Ich folgte T-Rex-Thomas in ein paar Metern Entfernung.

Der Frühstücksraum war noch gut frequentiert, vor allem durch unsere Tourneereisegruppe und ein paar Touristen. Ich schaute mich um, ob ich Marlen irgendwo erspähen konnte. Mitten im Gewühle saß Melanie allein an einem Vierertisch. Thomas hatte sie schon entdeckt und setzte sich zu seiner Frau. Was ist daran verwunderlich? Nichts, außer man kannte die Geschichte dahinter. Jemand tippte mir von hinten an die rechte Schulter. Ich drehte mich um, sah aber niemand. Marlens Stimme kam von links.

»Guten Morgen, mein Liaber! Gut gschlafen?«

Als ich sie sah, ging die Sonne im Zeitraffer auf, und alle Schläfrigkeit war wie weggefegt.

»Ja, und du?«

»Zu kurz, aber super.« Marlen strahlte aus jeder Pore. »Hol dir doch an Kaffee und setz dich da her. Ich komm glei.« Sie zeigte auf einen Tisch. Ihr Handy klingelte. Sie war schon wieder im Power Mode, als ob sie die vergangene Nacht an der Steckdose geschlafen hätte. Kaffee war eine ausgezeichnete Idee. Ich steuerte auf den modernen Vollautomaten zu, der am Rande des üppigen Frühstücksbuffets platziert war. Vor mir stand ein Herr mittleren Alters mit einer Tasse in der Hand und starrte die Maschine ratlos an.

»Kann ich Ihnen helfen?«

Der Mann drehte sich um. »I don't know how to do it.« Ein Amerikaner ohne Deutsch- und Vollautomatenkenntnisse.

»Let me help you. What kind of coffee would you like to have?«

»Cappuccino.«

»No problem!« Ich stellte seine Tasse unter den Auslauf und drückte die entsprechende Taste, was er aufmerksam verfolgte. Während sein Getränk in die Tasse lief, fragte er mich ungläubig: »That's it?«

»Yes!«

»Wow, that's easy. Thank you very much. We don't have that in the US.« Er nahm seine Tasse und ging zurück zu seinem Tisch. Hinter mir stand inzwischen Bernd. »Die Amis kennen des net. Da hat keiner einen Kaffeeautomaten zu Hause. Da gibt's nur scheußlichen Filterkaffee oder Starbucks.«

»Ich war noch nie in den Staaten.«

Den Cappuccino mit Hafermilch, mit dem ich üblicherweise in den Tag startete, gab es hier nicht. Ich wählte einen normalen, aber nichts passierte. Der Hinweis auf dem Display war eindeutig: *Bitte Milch nachfüllen*. Das war ja klar.

»Mogst lieber a Bier?«, zog mich Bernd von hinten auf.

»Was? Nein!«

»War Spaß. Nachher wieder.« Er klopfte mir auf die Schulter. »Musst kurz warten. Die füllen gleich wieder nach. So lange kann ich mir ja einen normalen Kaffee rauslassen.«

Glück dem, der seinen Kaffee schwarz trinkt. Der Automat röchelte Bernds schmucklosen Wachmacher in die Tasse, und ich ließ meinen Blick durch den Raum schweifen. Bei unserer Tourtruppe waren Sonnenbrillen am Morgen klar im Trend. Hätte ich eine dabeigehabt, wäre ich in dem Moment wahrscheinlich auch dieser Gattung zuzurechnen gewesen. Das üppige Buffet bediente jeden Geschmack, von Rührei mit knusprigen Speckstreifen bis zu Bircher Müsli und Früchten. Dazwischen Wurst- und Käseplatten. Brot gab es in allen Variationen, was vor allem den ein oder anderen Touristen verwirrte. Die Italiener zum Beispiel. Ein Geschäftsmann suchte nach Süßgebäck zum Espresso, was zu den wenigen Dingen gehörte, die gerade nicht verfügbar waren. Dunkles Roggenbrot oder gar Pumpernickel waren nicht das, was landläufig in unseren Nachbarländern bevorzugt wurde.

Die Kids einer amerikanischen Familie quengelten ihre Eltern an, weil sie Waffeln und Pancakes mit Ahornsirup vermissten. Für die Zipfelklatscher hingegen hätte die Welt fast in Ordnung sein können, da es hier sogar Weißwürste gab. Dazu Brezen und süßen Senf. Nur Weißbier gab es nicht, daher war die Welt eben nur fast in Ordnung. Weißbier, also Hefeweizen, wie man es in anderen Teilen Deutschlands nennt, ist ein elementarer Bestandteil eines bayerischen Weißwurstfrühstücks. Zum Kaffee und Orangensaft bevorzugten die meisten der Jungs daher eher ein paar Rühreier mit Speck. Mir persönlich war das alles noch ein bisschen zu heftig am frühen Morgen. Ein kleines Schälchen mit Obst und der Cappuccino waren meine Wahl des Moments, nachdem es wieder Milch gab und der Automat gnädig genug war, mir ohne weitere Zwischenfälle eine Tasse zu spendieren.

Marlen hatte zwischenzeitlich Platz genommen. Ihre Tasse Kaffee vor sich, tippte sie nebenbei eine Mail in ihr iPad, als ich mich zu ihr setzte.

»Hast du schon gefrühstückt?«

Sie tippte die letzten Worte und legte das Tablet ab.

»Jo, ich hab scho was gessen.«

»Seit wann bist du schon wieder am Start?«

»Halb neun ungefähr. Hob noch a paar Sachen organisieren müssen wegen dem Bus und der Weiterfahrt morgen mit dem Zug von Heidelberg nach Ulm.«

»Respekt! Du bist echt eine Maschine.«

»Quatsch, aber wenn ich an Job mach, dann so gut i kann. Privat bin ich ned ganz so diszipliniert.« Sie grinste, als ihr Telefon klingelte. Marlen gab es direkt an mich weiter. »Dein Freund.«

»Hi Oli!«

»Gude, was issn mit diä? Wann kommst du jetzt in Stuttgart an?«

Ich warf einen Blick zu Marlen, die mir zulächelte.

»Morgen. Ich fahre mit den Jungs nachher weiter nach Heidelberg und morgen dann mit dem ICE nach Stuttgart. Da fahren die Züge wieder.«

»Ich dachte, du wolltest heute kommen, wegen Anika und der Hochzeit.«

»Ja, macht aber keinen Unterschied. Ich fahre morgen Vormittag mit dem ICE. Danach direkt zum Flughafen, hole mein Gepäck und bringe dann um die Mittagszeit die Ringe zu Anika und Juan. Vielleicht kannst du ihr das kurz schreiben.«

»Ja, mache ich. Ich hol dich am Bahnhof ab.« Marlen zeigte mir auf dem iPad die Zugverbindung. »Oli, der Zug fährt morgen um kurz nach elf in Heidelberg ab. Ich bin um 11.50 Uhr in Stuttgart.«

»Top, dann sehen wir uns morgen. Viel Spaß noch. Ciao.«

Ich gab Marlen ihr Telefon zurück. »Vielen, vielen Dank.«

»Ned dafür.« Sie stand auf. »Ich muss mal wieder die Schaferl zsamtreiben. Mir treffen uns Viertel vor zwölf am Bus vor dem Hotel.«

Im Hintergrund stand Melanie gerade von ihrem Tisch auf. Thomas war offensichtlich schon vorgegangen. Sie war wie aus dem Ei gepellt. Designerjeans zum Louis-V.-T-Shirt. Perfekt geschminkt und frisiert. Nicht der Hauch einer Gebrauchsspur vom Vorabend. Zielstrebig hielt sie auf meinen Tisch zu.

»Darf ich mich kurz setzen?«

»Klar.«

Sie wirkte unsicher und zerbrechlich. Trotz des Make-ups war sie nun die pure Melanie, ohne Einfluss von Alkohol oder anderen Substanzen. So wirkte es zumindest.

»Tut mir leid mit gestern Abend. Isch war total frustriert und hab mich danebenbenommen. Dafür möchte isch mich bei dir entschuldigen.«

Ich legte meine Hand auf ihre. »Melanie, du musst dich nicht bei mir entschuldigen. Es ist alles gut und es ehrt mich, dass du mich auserwählt hast, auch wenn du schon ein bisschen angeschickert warst.« Beschämt senkte sie den Kopf. »Ich bin nur kein Typ für eine Nacht.«

Sie schaute mich ernst an.

»Zehn Minuten müssen deutlich reichen«, feuerte ich hinterher. Sie lachte laut los. »Melanie, du bist eine Hammerfrau, die es nicht nötig hat, sich unter Wert zu verkaufen.« Ich hob symbolisch meine Kaffeetasse. »Auf einen geilen Gig heute Abend!« Melanie stand auf und strahlte über das ganze Gesicht.

»Danke, Cossu. Dat war dat Schönste, wat ich seit Langem gehört habe.«

In meinem Kopf, der langsam begann, die letzten 48 Stunden zu verarbeiten, reifte die Idee für einen neuen Song. Ich verabschiedete mich von Melanie, eilte hinauf in mein Zimmer und nutzte den Notizblock und den Stift, die immer im Hotel parat lagen, um mir Notizen zu machen.

Ich war so vertieft in meinen Aufschrieb, dass ich die Zeit vergaß, bis das Telefon in meinem Zimmer mich aufschreckte.

»In fünf Minuten ist Treffpunkt am Bus. Ich hoff, du bist ned wieder eingschlafn.« Marlen war die Allerbeste.

»Nein, nein, bin schon auf dem Weg.« Ich legte auf, packte meine paar Habseligkeiten und verließ das Zimmer.

Als ich vor dem Hotel ankam, stand der Bus schon da. Thomas hatte im Bus bereits einen Sitzplatz mit seiner Decke belegt und stieg gerade wieder aus, um eine zu rauchen. Marlen tauchte zwischen uns auf. »Der Lieblingssport von euch Piefkes.«

»Moment, Moment!«, intervenierte ich. »Ich bin noch nie in der Früh aufgestanden und hab irgendeine Liege am Hotel-Pool mit meinem Handtuch besetzt.«

Marlen grinste. »Du ned, aber knapp 30 Prozent der Deutschen.«

»Quatsch! Und die Österreicher?«

»Vier!«

»Was, vier?«

»Vier Prozent.«

»Come on, das glaube ich nicht!«

»Hab ich aber glesen. Da gibts eine Statistik.«

Ich winkte lachend ab. »Dir glaub ich gar nix mehr.«

Ein amerikanischer Tourist hielt auf Thomas zu, der sich zum Paffen mittlerweile zu Busfahrer Winne gesellt hatte. »Excuse me, do you know where the U-Bahn is around here? And what does that mean?« Er zeigte auf einen Ausdruck der Deutschen Bahn, den er in den Händen und nun Thomas unter die Nase hielt. Der schaute den armen Mann an, als ob es sich bei ihm um einen Außerirdischen handelte, der gerade aus einem Gully gekrochen war.

»I not English! Can you German?«

»No sorry, I can't speak German. Just: Ein Bier bitte!« Der Amerikaner lachte über seine eigenen mangelnden Deutschkenntnisse.

»You will beer?«

»No, no. No beer.«

»Sorry, my English is under all pig.« Hilflos hielt unser Gladiator nach irgendjemandem Ausschau, der ihn aus der misslichen Konversation befreien könnte.

Ich ging rüber und mischte mich ein. »Can I help you?«

»Yes, please«, antwortete der Mann und drehte sich zu mir. Marlen hatte inzwischen schon im Handy gecheckt, wo die nächste U-Bahn-Station war.

»The next underground station is about a five minute walk in that direction«, erklärte sie in gutem Englisch mit charmantem österreichischen Akzent.

»Thank you very much. Very kind of you.«

Er zeigte mir den Ausdruck. Durch den Streik des Bahnpersonals waren diverse Verbindungen nicht verfügbar. Neben einer S-Bahn-Verbindung nach Bergisch Gladbach war vermerkt: *Auf dieser Strecke wurde ein Schienenersatzverkehr eingerichtet.*

»You want to go to Bergisch Gladbach?«

»Yes, yes, to Boergish Gladbak«, wiederholte er in kryptischem Deutsch. »But what does that mean?«

Er zeigte auf das Wort *Schienenersatzverkehr.* »I can't pronounce it, sorry.«

Marlen und ich mussten lachen. »Well. The German language has some very long words. It means the S-Bahn isn't running because of the train driver strike. Instead of that, there is a bus you can take.«

Ich versuchte, ihm das Ganze so gut wie möglich zu erklären, aber er hatte es schon verstanden.

»Alright, got it. We're gonna take the bus. Thank you very much!«

»Okay. Alle einsteigen!« Marlen trieb ihre Schäfchen in den Bus. Sie und ich nahmen wieder vorn hinter dem Fahrer Platz.

Wenige Minuten später rollten wir durch die Kölner Innenstadt in Richtung Autobahn. Marlen machte eine kurze Durchsage zum weiteren Ablauf. »Ungefähr um 16 Uhr kommen wir in Heidelberg an. Das Hotel liegt zentral, bis 19 Uhr habts ihr Freizeit, dann werden wir am Hotel abgeholt und zur Anlegestelle des Schiffs gebracht, auf dem heute Abend die Show stattfindet. Bitte vorher schon bühnenfertig umziehen, da es auf dem Boot keine Garderobe gibt. Die Veranstaltung ist die Privatparty von einem Heidelberger Unternehmer. Es werden rund 250 Gäste erwartet. Der Soundcheck entfällt aufgrund des engen Timings. Bitte nehmts nachher alles aus dem Bus raus, da sich Winne im Anschluss direkt wieder auf den Weg Richtung Berlin macht.«

Zustimmendes Klatschen aus dem hinteren Teil des Busses.

Ich griff nach Stift und Block und notierte mir eine weitere Textzeile. Es gab so viele typisch deutsche Verhaltensweisen, die ich im Internet seit Jahren parodierte, aber irgendwie war es Zeit, all das endlich in einen Song zu packen. Als Überschrift notierte ich »We are the Germans!«

Während ich so vor mich hinträumte, beobachtete ich das samstagmorgendliche Treiben in der Kölner Vorstadt. Als der Bus an einer roten Ampel stoppte, fiel mir auf der rechten Spur ein Stau auf, der seinen Ursprung an einer großen Waschanlage hatte. Kein kleiner Tunnel mit rotierenden Bürsten, sondern ein Waschplatz mit vielen Einzelparzellen, in denen man sein Fahrzeug von Hand reinigen und aufpolieren kann. Es war Samstag, und am Samstag pflegte und hegte der Deutsche sein liebstes, vierrädriges Kind. Der Tag bot sich dafür an, da samstags die meisten Menschen frei hatten und es sonntags verboten war, sein Auto zu waschen, auch in den Anlagen. Im Geburtsland von Mercedes, BMW, Volkswagen, Opel, Audi und Porsche war es verständlich, dass dem Auto eine höhere Aufmerksamkeit zukam als anderswo auf der Welt. Gerade in den Städten, in denen die Fahrzeuge produziert wurden, wie etwa in meinem Wohnort Stuttgart, an dem die Konzernzentralen von Mercedes und Porsche ihren Sitz haben, ist die Beziehung der Menschen zu den Unternehmen groß. Allein schon dadurch, dass jeder in seinem Umfeld etliche Leute kennt, die bei einem der beiden großen Hersteller arbeiten und somit fast schon eine familiäre Beziehung zur Firma haben. Es ist auch nicht selten, dass mehrere Generationen einer Familie sogenannte Daimler-Schaffer wurden und ihr Unternehmen nach außen stets glorifizierten. Natürlich fuhren sie dann auch meist Mercedes und manche nannten ihr Fahrzeug scherzhaft liebevoll »Heiligs Blechle«.

»Von was träumst du gerade?«, riss mich Marlen aus meinen automobilen Gedanken.

»Von Autos!«

»Von Autos?« Sie runzelte die Stirn.

»Ja, ich habe mir gerade überlegt, wie cool Deutschland doch ist. Ich meine zumindest, was Autos angeht. Schau mal, im Vergleich zu Österreich, wir haben Porsche, VW ...«

»Wart amoi, wart amoi. Ferdinand Porsche war nachweislich kein Deutscher, sondern Österreicher.«

»Ich dachte, er ist im heutigen Tschechien zur Welt gekommen.«

»Was damals zu Österreich gehört hat. Also bitte! Und wenn ma gerad dabei sind. Ferdinand Porsche hat den VW Käfer erfunden. Das deutsche Kultauto überhaupt stammt aus dem Hirn eines Österreichers. Was sagst jetzt?«

Ich konnte mir das Lachen nicht mehr verkneifen: »Das bedeutet, dass wir Deutschen den Österreichern immer wieder eine Chance gegeben haben.«

»Jo, jo und deshalb habts auch unser Kaiserhymne von Joseph Haydn zu eurer Nationalhymne gemacht.«

»Genau!«

»Na, du bist ja lustig!«

Wir waren inzwischen auf der Autobahn irgendwo hinter Köln Richtung Süden. Obwohl Deutschland als das Land ohne generelle Geschwindigkeitsbegrenzung auf der Autobahn gilt, sind ungefähr ein Drittel der Strecken in ihrer Höchstgeschwindigkeit dann doch begrenzt. Gefühlt hätte ich den Anteil viel höher eingeschätzt. Zumindest auf den Autobahnen, auf denen ich so fahre. Wo wir uns aktuell befanden, galt jedenfalls 120. Eine Beschränkung, die den Fahrer des roten Ferrari mit Züricher Kennzeichen, der wie ein Blitz an uns vorbeidonnerte, wenig interessierte.

»Ja, dat is wieder klar«, tönte es von Thomas drei Reihen weiter hinten, »der Schweizer Löffel lässt et mal richtig fliegen.« Der Typ hatte sicher knapp 200 Sachen auf dem Tacho. Mach dat mal in der Schweiz. Da droht Knast oder eine Megageldstrafe.« Thomas dozierte in Richtung Melanie, die das nur mäßig interessierte. »Die verurteilen dich zu weiß Gott wie vielen Tagessätzen. Und wenn de Kohle hast, da zahlste für so was schnell ein paar zehntausend Franken. Hier is et Pillepalle. Da kann sich jeder wat rausnehmen. Unglaublich.« Thomas war auf eine Art schon ein typischer Deutscher. Oder gibt's den gar nicht?

Hinten im Bus ertönte ein Kanon aus Schnarchen. Die Zipfelklatscher und die Börschter luden ihre Batterien, damit sie am Abend wieder steilgehen konnten. Marlen hatte die Augen auch zugemacht, aber ich konnte es ihnen allen nicht nachtun.

Auch wenn die Nacht nicht besonders lang gewesen war, fühlte ich mich fit. Ich stellte meine Sitzlehne etwas zurück und bastelte weiter an meinem Song. So bemerkte ich kaum, wie ich mit jeder Zeile, die ich in meinen Block schrieb, langsam immer müder wurde und die Monotonie der Busfahrt mich ebenfalls in den Schlaf schaukelte.

XIII.

Ich wachte erst wieder auf, als wir in Heidelberg vor dem Hotel anhielten. Allerdings würde ich wahrscheinlich heute noch in dem Bussitz schlafen, wenn nicht irgendwo im Orbit eine Stimme zu mir gesprochen hätte.

»Erde an Cossu. Bitte melden!« Zu den Worten strich mir jemand wohlig über den Arm.

»Wo bin ich?« Ich kam langsam zu mir und blickte in Marlens funkelnde, braune Augen.

»Es ist Montag und du hast grad die Hochzeit deiner besten Freundin verschlafen.«

»Was?« Mein Puls nahm Fahrt auf wie ein Schweizer Ferrari. Ich stemmte mich hoch. »Wo bin ich?«

»Heidelberg«, war Marlens trockene Antwort.

»Oh Shit. Wie lange habe ich geschlafen?«

»Ich weiß ned, i bin selbst erst vor einer halben Stunde wieder aufgwacht.«

Ich sah mich im Bus um. Leer. »Wo sind die anderen?«

»Die hamma an einer Raststätte vergessen. Na, Blödsinn, die sind schon im Hotel. Ich wollt nur ned, dass du aus Versehen wieder in a paar Stunden in Berlin landest und die Geschichte von vorn losgeht. Winne fährt jetzt nämlich zurück in die Hauptstadt.«

Unser Fahrer betrat gerade wieder den Bus.

»Na, alles gut?«, lachte er mich an. »Ick wär dann so weit. Zisch ma los Richtung Berlin.«

Ich packte meine Sachen zusammen, verabschiedete mich von Winne und betrat zusammen mit Marlen das Hotel. Bernd,

Schorsch, die vier Börschter und Thomas saßen bereits an der Bar.

»Hey Cossu, wir nehmen gerade einen Aperitif. Mogst auch a Bier?«

»Nein, danke, Jungs. Kein Bier vor vier.« Marlen schaute auf die Uhr und grinste. »Dann wart noch drei Minuten.« Sie drückte mir einen Zimmerschlüssel in die Hand. »Ich geh bei dem schönen Wetter noch a bisserl raus. Vielleicht zum Schloss. Des is ja Kult und ich war da noch nie. Heut passt des, da hab ich keinen Stress. Die Crew hat schon alles auf dem Schiff aufgebaut. Soundcheck gibt es nicht, und wir werden erst in drei Stunden abgeholt. Magst mitkommen?«

»Klar. Ich hab übrigens hier in Heidelberg studiert. Wie crazy, dass ich heute mit euch wieder hier lande.«

»Des is ja super, dann hab ich ja jetzt sogar an privaten Guide. Ich war noch nie hier, hab aber schon so viel Positives darüber gehört, vor allem über das Schloss.«

»Samstags ist es dort sehr überlaufen«, versuchte ich Marlen von dem Ausflugskonzept abzubringen.

»Komm schon, Cossu. Aber na gut, wenn du ned magst, gehe ich halt allein rauf.«

»Pass auf, Marlen, ich habe eine Idee. Ich wollt mir nachher in der Stadt noch für heut Abend ein paar Klamotten kaufen. Ich schmeiß kurz das Zeug aufs Zimmer, dann gehe ich mit dir aufs Schloss und du mit mir danach noch in die City, okay?«

»Bingo!«

Zwar fährt eine Bergbahn hinauf zum Schloss, doch wir entschieden uns für den etwa 15 Minuten langen Fußweg. Angesichts der Touristenmassen, die sich den Berg hinauf- und hinunterdrückten, war der Fußweg immer noch die bessere Idee. Ich schleppte mich die erste Anhöhe hinauf wie ein gefühlt 100-Jähriger. Marlen dagegen schien die Kletterei wenig auszumachen. Eigentlich sogar gar nichts.

»Wie machst du das?«, fragte ich sie keuchend.

»Wie mach ich was? Ich bin in den Bergen aufgwachsen. Kraxln, Wandern, Skifahren. Was ma halt als Österreicherin so macht. Außerdem, in deinem Alter is des natürlich klar.«

Ich presste ein »Hahaha!« heraus. Das Schlimmste an der ganzen Sache waren für mich aber in der Tat die Menschenmassen, die in allen denkbaren Sprachen und Dialekten wanderten, kreischten, diskutierten und natürlich fotografierten. Zigtausende hatten, wie jeden Tag des Jahres, denselben Gedanken. Es war wirklich eine interessante Idee, an einem Samstag bei herrlichem Wetter das Schloss in Heidelberg zu besuchen. Etwas, was mir während meiner Studienzeit hier sicherlich niemals in den Sinn gekommen wäre.

Als wir oben an der Schlossruine angekommen waren, musste ich zuerst mal einen Moment durchatmen. Ein Kerl in ungefähr meinem Alter stürmte auf mich zu.

»Hey, Lukas, Alter! Das ist ja mal eine Überraschung. Wie geht's?«

»Hi! Woher …?«

»Uni, Studium. Ich bin's, Malik. Aus Karlsruhe!«

»Ahhh, jetzt«, tat ich so, als wenn der Groschen bei mir gefallen wäre, hatte aber weiterhin keinen Schimmer, wer der Typ war.

»Das ist Marlen.« Sie schüttelte Malik höflich die Hand.

»Bisch du immer noch hier in Heidelberg?«, fragte mich Malik in unverkennbarem Karlsruher Sprech.

»Nein, nein, in Stuttgart.«

»Ich bin wieder zurück in de Heimat. In Kallsruh hab ich a Stelle in de Grundschul. Isch subber!«

»Was machst du heute hier, ausgerechnet samstags?«

»Ging ned andersch. Ich bin mit meiner Frau und den zwei Kindern da. Mir zeige unsere amerikanische Freunde s Schloss. Die waren jetzt drei Jahre hier, aber in drei Tagen geht's zurück in'd Heimat. Er isch beim Militär. Vorher wollte sie noch unbedingt Heidelberg und's Schloss sehe. Du weisch ja, für die Amis isch des hier des Gröschte. Die nenne Heidelberg nicht umsonst ›Germany in a Nutshell‹. Und was machsch du hier?«

Ich lächelte Marlen an. »Ich bin mit meiner österreichischen Freundin hier. Sie wollte auch unbedingt das Schloss sehen.« Marlen nickte zustimmend.

»Ja, also, subber. Du, ich muss weiter. Meine Leute warte scho. Witzig, dass mir uns hier getroffe habe. Vielleicht seh mer uns mal wieder hier. Haha! Ciao!« So sprach er und entschwand wieder aus meinem Leben, wie er aufgetaucht war.

»Wer war das jetzt genau?«, fragte Marlen.

»Ähm. Ganz ehrlich? Keine Ahnung. Komm, wir schauen mal, ob wir im Garten vom Restaurant einen Platz kriegen.«

Der Innenhof des Schlosses war grundsätzlich sehr idyllisch, wenn man sich die Menge an Touristen wegdachte. Der Restaurantgarten war, wie man so schön sagt, rammelvoll. Marlen blieb das nicht verborgen, doch ihr positives Wesen blendete es aus.

»Es ist super hier.« Mitten im Gewühle erspähte sie, dass ein Pärchen gerade die Rechnung bekam. »Komm mit!« Gut gelaunt zog sie mich durch die Menschen zu dem soeben frei gewordenen Tisch und lächelte den Kellner an. »Dürfen wir?«

Der Mann grinste zurück und merkte, dass jeder Widerspruch wohl zwecklos war. »Klar, setzt euch!«

Marlen strahlte.

»Wisst ihr schon, was ihr wollt?«

»Eine heiße Schokolade für mich«, sagte Marlen.

»Und einen Cappuccino«, fügte ich an. »Habt ihr Hafermilch?«

Der Kellner schüttelte den Kopf. »Leider nein.«

»Kein Problem. Kuchen?«

»Käse, Rhabarber und heute, als Special, eine Schwarzwälder Kirschtorte.«

Marlen lächelte mich an. »Die Schwarzwälder Kirsch für mich bitte.«

Ich rollte kurz mit den Augen. Dieser Kuchen war sicherlich so was wie die Tortenversion von »Germany in a Nutshell«.

»Okay. Na gut, dann für mich den Käsekuchen bitte.«

Der Kellner huschte davon. An einem nächsten Tisch hoben sich bereits bestellbereite Arme.

»Schwarzwälder Kirsch?«, fragte ich Marlen.

»Ja, die mag ich sehr gern. Kann ich nur ned so oft machen, sonst roll ich in ein paar Monaten durch die Gegend.«

»So ein Quatsch, du bist doch total schlank.«

»Noch!«, lachte sie. »Außerdem habe ich es dir zuliebe bestellt.«

»Mir zuliebe?«

»Eine Hommage an Cossu, ein Stück aus deiner Heimat und wenn es nur ein Stück Torte ist.«

Ich überlegte, ob ich ihr erzählen sollte, dass die Schwarzwälder Kirschtorte eigentlich von einem Schwaben erfunden wurde und so gesehen kein Kuchen mehr aus meiner badischen Heimat wäre. Ich entschied mich dagegen. Den frotzelig-ironischen Unterton liebte ich an ihr.

»Das ist nett von dir, aber dann musst du dir auch noch eine Schwarzwälder Kuckucksuhr kaufen.«

»Kann ich mir nicht leisten«, kommentierte Marlen, »dafür müsste ich erst mal eine Runde mit Helene auf Tour gehen. Oder mit Herbert.«

Seit vielen Jahren hatte ich nicht so einen Heidenspaß mit einer Frau. Marlen war der Kracher.

»Hast du im Moment eigentlich irgendeinen Menschen, dem du dein Herz für eine Kuckucksuhr oder Ähnliches verliehen hast?«

Marlens Schalk wich für eine Sekunde aus ihren Augen. »Nein«, antwortete sie ruhig und unsere Blicke kreuzten sich für einen intensiven Moment, bevor sie wieder einen scherzhaften Tonfall wählte. »Kein temporäres Alphamännchen am Start.«

»Ich auch nicht«, lächelte ich. »Also, kein Alphafrauchen.«

In dem Moment kam der Kellner mit Tee, Cappuccino und Käsekuchen zurück. »Leider ist die Schwarzwälder Kirsch aus.«

»Egal, dann teilen wir uns den Käsekuchen.«

Der Kellner grinste mich an und gab Marlen eine zweite Gabel. »Schade, die Schwarzwälder hätte ich jetzt gern vernascht.«

»Sind ja noch genug Schwarzwälder am Tisch.«

»Des war klar.«

Kurz darauf mussten wir aufbrechen. Anderenfalls würde ich meinen kleinen Einkauf nicht mehr schaffen.

Der Erwerb einer Hose, zweier Hemden, zweier T-Shirts sowie von Unterwäsche und Socken dauerte nicht besonders lange, da ich die Läden von früher kannte und alles in Laufdistanz zum Hotel war. Und auch weil ich ziemlich genau wusste, was ich wollte und Marlen sich nicht zur Styling-Beraterin aufschwang, sondern mich in meinem Geschmack bestärkte. Entweder war sie die charmanteste Lügnerin des Landes oder ihr gefiel meine Auswahl wirklich. Es war ein wunderschöner Nachmittag. Marlen war es endgültig gelungen, mein Gehirn wieder auf positiv umzuprogrammieren. Die verrückten Ereignisse der letzten beiden Tage und die beißenden Sorgen waren nicht mehr omnipräsent. Selbst die Hochzeit meiner besten Freundin und die damit verbundene, noch vor mir liegende Restodyssee inklusive Flughafenpolizei stressten mich für den Augenblick überhaupt nicht. Heute war heute, und morgen würde ich dann das Missgeschick korrigieren. Carpe diem.

*

Um 19 Uhr stand ein Bus abfahrbereit vor dem Hotel, und die ganze Mannschaft fand sich komplett bühnenfein in der Lobby ein. Ich hatte ebenfalls geduscht und unterhielt mich gerade noch mit Bernd über ihre Tourpläne für den Rest des Jahres, als sich die Fahrstuhltür öffnete und Marlen in die Halle trat. Es war, als ob die Sonne direkt aus dem Fahrstuhl in die Lobby scheinen würde. Sie hatte sich hübsch gemacht. Und wenn ein ohnehin sehr hübscher Mensch sich hübsch macht, führt das in der Regel zu bewundernden Kommentaren. Ein bewunderndes Raunen waberte durch die Eingangshalle. Marlen trug schwarze Pumps zum modernen schwarzen Jerseykleid. Ihre dunklen Haare fielen weich auf ihre Schultern. Ihr Make-up war dezent, aber eindrucksvoll. Ich war dermaßen geflasht, dass ich einen Moment brauchte, um meine Sprache wiederzufinden. »Einsteigen, wir fahren los«, rief sie in die Menge, während sie auf mich zukam.

»Was schaust so?«

»Du bist, du bist ...«

»Sag ja ned zu fett.«

»Du spinnst wohl. Nein, du bist ... unfassbar schön!«

»Ich weiß, aber des merkst erst jetzt?«

»Nein, um Himmels willen.«

Marlen drückte mich und flüsterte mir ins Ohr: »Danke für das Kompliment. Das bedeutet mir was.«

Während der Bus losfuhr, richtete Marlen noch eine kurze Durchsage an die ganze Crew: »Wie ihr wisst, ist das heute das 30-jährige Jubiläum eines sehr erfolgreichen Immobilienunternehmens. Franz Müller, der Chef, der heut auch noch Geburtstag hat, ist ein Freund von Erwin, dem Chef unserer Konzertagentur in Wien. Er hat sich diesen Abend heute mit euch ganz gezielt gewünscht und die Show gebucht. Wie ich schon erzählt hab, sind die Gegebenheiten nachher auf dem Schiff etwas anders als bei einem Hallen-Gig. Wir ham keine Garderobe und keine Bühne, sondern einen zugeteilten Bereich auf dem Schiff. Zwei große Tische sind für uns besetzt, an denen wir uns vor und nach den Auftritten aufhalten und mitfeiern. Im Grunde sin ma wie Partygäste, die dafür auch noch bezahlt werden. Das Schiff legt um 20 Uhr ab. Die Fahrt über den Neckar dauert ungefähr bis Mitternacht, dann sin ma voraussichtlich wieder an der Anlegestelle. Die Rückfahrt ins Hotel kann jeder machen, wie er will. Der Veranstalter hat hierzu mehrere Limousinen als Shuttleservice zur Verfügung gestellt.«

Der Beifall aller erzählte von Vorfreude.

Der Bus erreichte das Schiff eine Viertelstunde zu spät. Die Crew wartete am Eingang, um uns und die eintrudelnden Gäste mit einem Begrüßungsdrink in Empfang zu nehmen. Danach zeigte man uns zwei große Tische, die für die Künstler reserviert waren. Marlen hatte Tischkärtchen aufstellen lassen, und wie der arrangierte Zufall es so wollte, saß sie neben mir. Zunächst verteilten wir uns aber an Deck und genossen an Stehtischen das wunderbare Frühsommerwetter. Das wunderbare Personal stellte den Getränkenachschub sicher, während der Neckar unter uns glitzerte. Marlen ging in der Zwischenzeit noch einmal mit der für die Veranstaltung verantwortlichen Managerin des Unternehmens den Ablaufplan durch.

Thomas stand inmitten der Zipfelklatscher und hatte sich allem Anschein nach das Ziel gesetzt, an diesem Abend die Wertung in der Halbliterklasse klar für sich zu entscheiden. Dabei haute er einen zotigen Ruhrpottwitz nach dem anderen raus.

»Isch im Swingerclub. Die Lampe flackert, jeht manchmal für ne Weile janz aus. Nach ner halben Stunde ruf isch nach dem Hausmeister: ›Kann mal einer bitte die Lampe reparieren? Jetzt hann isch aus Versehen schon zweimal meine eigene Alte gebumst.‹« Gelächter, Schenkelklopfer. Wäre die Räuberpistole, dass Melanie einen Killer auf ihn ansetzen wollte, echt gewesen, hätte ich hier und da Verständnis dafür gehabt.

Melanie stand abseits allein an einem Stehtisch. Ich wollte gerade rüber, um zu sehen, wie es ihr geht, als François sich zu ihr gesellte. Aus der Entfernung konnte ich ein paar Wortfetzen aufschnappen, während ich an meinem Bier nippte. Er fragte, ob sie sich vielleicht nachher kurz unten in einer Kajüte treffen wollten. Er hätte das schon ausgecheckt. Doch sie schüttelte den Kopf und sagte: »Schau dich um, hier sind jede Menge hübsche Mädschen. Da is sicher wat für dich dabei.«

Er sah sie fragend an. »Was ist los mit dir?«

»Alles super. Mir geht's gut.«

François überlegte, ob er das Gespräch vertiefen sollte, entschied sich dann aber für den Rückzug und mischte sich mit seinen Börschter Boys unter das Volk. Melanie grinste zu mir herüber, und ich hob meinen Daumen, was sie mit einem verschmitzten Lächeln quittierte.

Gastgeber Franz Müller, ein sportlicher Geschäftsmann um die 60, kam mit seiner Assistentin an Melanies Tisch und stellte sich bei ihr vor. Ich wusste von Marlen, dass er ein großer Fan und Bewunderer war. Zumindest heute Abend war sie in guter Gesellschaft.

Die Crew löste die Leinen, und das Schiff legte vorsichtig ab. Die rund 250 Gäste hatten sich an den Stehtischen und den Runden Tafeln mit den Platzkärtchen versammelt.

»Guten Abend, meine verehrten Gäste.« Franz Müller klopfte mit einem kleinen Löffel auf den Rand eines Glases. »Es ist mir eine große Freude, Sie heute an Bord unserer kleinen Neckarschiffsreise zum 30-jährigen Jubiläum des Unternehmens und gleichzeitig meinem Sechzigsten begrüßen zu dürfen.«

Das ganze Schiff klatschte Beifall.

»Kurz zum Ablauf. In wenigen Minuten beginnen wir mit dem Essen, damit Sie gestärkt sind für die Party mit Livemusik von den Friedrichsthaler Börschtern, den Wendlsteiner

Zipfelklatschern und von Melanie und Thomas, dem seit vielen Jahren bekannten Schlagerduo aus dem Ruhrpott.«

Stürmischer Applaus.

»Doch zunächst habe ich eine kleine Rede vorbereitet. Ich gelobe, sie wird nicht wesentlich länger dauern als die geplanten 30 Minuten.«

Marlen und ich hatten Platz genommen und amüsierten uns über die Reaktion der Gäste, denen bei der Information über die Dauer des Vortrags das Lächeln entglitt. Franz Müller zog ein Manuskript aus der Tasche, faltete es auf, zog schmunzelnd seine Lesebrille aus der Innentasche des Sakkos und räusperte sich. »Sehr verehrte Gäste. Danke, dass ihr heute mit mir feiert. Das Buffet ist eröffnet!«

Müller lachte sich kaputt, steckte seine Manuskriptattrappe wieder ein und kehrte unter dem Jubel der Erleichterung zu seinem Gastgebertisch zurück.

Was nun kam, glich jeder Veranstaltung, die ich in Deutschland erlebe – der Sturm auf das Buffet! Kaum hatte Müller den Rednertisch verlassen, sprangen die ersten Protagonisten auf und pilgerten Richtung Essensausgabe. Binnen Sekunden hatte sich bereits eine ansehnliche Schlange gebildet. Brach sich hier der menschliche Überlebensinstinkt Bahn, der sich in Sprüchen wie »Der frühe Vogel fängt den Wurm«, »Wer zuerst kommt, mahlt zuerst« oder »Wer zu spät kommt, den bestraft das Leben« ausdrückte? Gier? Missgunst? Oder war es einfach nur Hunger?

*

Am Gastgebertisch hatte Franz Müller seine engsten Freunde und Bekannten versammelt, die wir später noch besser kennenlernen sollten. Amüsiert verfolgte ich eine Unterhaltung über das Essenziellste überhaupt: Brot! Der ursprünglich aus Berlin stammende Leo bat seinen Pfälzer Freund Rainer: »Reich mir mal bitte ein Stück von der Schrippe, mein Großer.«

»Was willsch?«

Sebastian, ein Hamburger Architekt, versuchte zu vermitteln: »Er meint ein Rundstück.«

»A du bist a so a Rundstück, des is a Semmel«, grätschte der gebürtige Bayer Felix dazwischen.

»Samma, habt iä zu viel Eppler drin, ihr Haubentaucher?«, warf Christian, ein Chefarzt aus Frankfurt, selbstbewusst ein.

Leo war langsam genervt. »Mir doch jetzt scheißejal. Hauptsache nich die Kante.«

»Was soll das denn sein?« Sebastian hatte es offenbar noch nie gehört.

»Did is did Endstück vom Brot«, klärte Leo seinen Hamburger Freund auf.

»Äh, das heißt awa Knorze«, pfälzerte Rainer, der Banker, in die Runde.

Yvonne aus Hannover, die junge Frau von Sebastian, schüttelte lachend den Kopf. »Sagt mal, welche Sprache sprecht ihr eigentlich? Können wir bitte wieder Deutsch reden?«

Gelächter am ganzen Tisch. Franz hob das Glas zum Toast: »Auf uns!«

Alle stießen gut gelaunt mit ihm an.

»Magst du dich anstellen?«, fragte mich Marlen.

»Bitte, was? Sorry, hab gerade ein bisschen am Nebentisch gelauscht. Aber ich warte sowieso noch. Lasse erst mal die Ausgehungerten und die Sammler vor. Wenn die Genießer dran sind, hole ich mir eine Kleinigkeit. Aber wenn du gehen willst …«

»Na, um Gottes willen«, entgegnete Marlen, »ich hasse Buffets.«

Wir amüsierten uns köstlich, als die ersten Exemplare der Spezies Sammler, zu denen auch der ein oder andere

Zipfelklatscher gehörte, sich wieder zu uns an den Tisch setzten. Als Sammler bezeichne ich diejenigen, die nicht nur mit ein paar ausgewählten Vorspeisen zurückkommen, sondern sich den Teller mehrschichtig mit dem gesamten vorhandenen Repertoire von Vorspeise und Hauptgang vollgeladen haben. Manche davon gingen sogar ein zweites Mal, um sich den Teller vollzuballern und von dieser Runde die Hälfte übrig zu lassen. Für ein Dessert war dann aber trotzdem noch Platz.

Als keine Schlange mehr am Buffet war, holten Marlen und ich uns ein paar Leckereien. Am liebsten hätte ich ein paar der manischen Sammler wieder dazu geholt und ihnen gezeigt, dass selbst jetzt von fast allem noch genügend da war.

*

Nachdem fast alle beim Nachtisch angekommen waren, gab die Assistentin des Chefs Marlen ein Zeichen, dass die Show in 15 Minuten starten konnte. Marlen signalisierte den Börschtern, dass es gleich losginge.

Und das tat es dann auch – und wie! Nach dem zweiten Song hielt es nur noch wenige Gäste auf ihrem Platz. In jedem Meter Freiraum zwischen den Tischen tanzten sie bester Laune zu den Mitgrölhits. Nach zwei Zugaben und einer Viertelstunde Umbaupause ging es weiter mit den Zipfelklatschern. Sie rockten wie am Abend zuvor, brachten erneut eine unfassbare Power auf die heute gar nicht vorhandene Bühne. Alles war nah, persönlich, unkompliziert und gerade deswegen noch intensiver. Am Rande der Menge groovten und sangen Marlen und ich mit. Als Bernd unser in jeglicher Hinsicht spezielles Duo Melanie und Thomas ansagte und die beiden wie am letzten Abend Hand in Hand ihren Auftritt starteten, war für uns deutlich zu sehen, dass Thomas in der Halbliterklasse aktuell nicht auf dem letzten Platz lag. Die Partygäste bemerkten es nicht. Melanie wirkte im Gegenzug zum Vorabend gelöster und wirbelte durch den gemeinsamen Auftritt.

In gelöster Stimmung schipperte die Feier über den Neckar in Richtung der fast hinter dem Horizont verschwundenen Sonne, die Gäste eine bunte Mischung aus Heidelberger Hautevolee und herausgeputztem Sekretärinnen-Charme.

Soundmann Ingo drückte mir ein Mikro in die Hand. Es war so weit. Nach den stürmischen Zugabe-Rufen ertönten die ersten Takte von »Völlig losgelöst«. Marlen flüsterte mir ins Ohr: »Schau, dass ned alle verschwinden. Ach, geht ja ned, sind ja auf einem Schiff.«

Ich verdrehte lachend die Augen. Sie gab mir einen Kuss auf die Wange. »Ich mag dich sehr.«

Dieser Satz machte mir einen Noppenanzug, wie manche Kollegen im Westen Deutschlands zu sagen pflegen. Für alle anderen: Gänsehaut am ganzen Körper.

»Ich dich auch«, gab ich leise zurück. Viel mehr fiel mir nicht ein, bevor ich mit flatterndem Herzen zwischen die Menschen lief.

»Wir haben noch ein ganz spezielles Geburtstagsgeschenk für den Chef«, sagte Bernd mich an, »begrüßt mit mir heute Abend unseren Special Guest - Cossu!«

Das Publikum flippte aus. Die Börschter zerrten mich in ihre Mitte und intonierten zunächst »Happy Birthday to you«. Das ganze Schiff sang mit. Franz hatte feuchte Augen, da wirklich alle für ihn die Geburtstagshymne anstimmten, die nahtlos in die ersten Akkorde von »Guantanamera« überging. Wie in Trance lieferte ich ab, fühlte mich, als könnte ich fliegen. Auf großen Schwingen trug mich das Publikum durch den kubanischen Song in den Heidelberger Nachthimmel. Nach dem letzten Akkord fuhr Ingo direkt Partymucke aus der Konserve ab, bevor die Gäste eine weitere Zugabe fordern konnten. Sie nahmen es hin und tanzten einfach weiter. Manche strömten zurück zu den Tischen, um erst mal etwas zu trinken. Ich winkte

Marlen und gab ihr ein Zeichen, dass ich an Deck gehen würde. Sie signalisierte, dass sie gleich nachkomme.

Es war inzwischen dunkel und etwa 22.45 Uhr. Wie das Schiff die letzten Stunden manövriert hatte, war mir natürlich entgangen. Wie es aussah, waren wir bereits auf dem Rückweg Richtung Heidelberg.

Ich stand an der Reling und atmete tief durch, als Marlen auf mich zukam und mich wortlos umarmte. Sie strich mir durch das Haar.

»Des war super leiwand. Wahnsinnig guat!«

»Danke dir!«

Ich war verlegen und gerührt. Dieses Mädchen berührte meine Seele.

»Du hast vorhin gesagt, dass du mich magst.«

»Ja, das tue ich.« Ihre frotzelige Seite, die ich ebenfalls liebte, ließ sie in diesem Moment beiseite. Gerade als wir uns Zentimeter um Zentimeter näherten und der erste Kuss zum Greifen nah war, polterten von hinten ein paar Zipfelklatscher um die Ecke. Sofort trat Marlen einen Meter zurück. Schorsch und zwei seiner Kumpels wollten draußen eine rauchen. »Was mochts ihr hier draußen?«

»Abkühlen.«

»Ach jetzat. So heißt des jetzt.« Die drei lachten. »Kühlts euch ruhig weiter ab. I find, ihr seids a schönes Paar!«

»Jetzt red net so an Bledsinn.«

»Welchen Bledsinn? Maanst mir san olle blind?«

Marlen lächelte milde. »Net olle. Moch ka große Gschicht draus bitte, okay?«

»Marlen, ois guat. Ich moch goa nix, aber oans sog i da. Ihr seid trotzdem a cools Paar.«

Ich klopfte Schorsch auf die Schulter. »Du bist ein guter Junge. Ihr seid alle super, und es war eine Ehre für mich, dass ich mit euch auftreten durfte.«

»Imma wieda gern, Cossu!«

Marlen nahm mich an der Hand. »Komm, ich hab dem Geburtstagskind versprochen, dass wir noch a bisserl an seinen Tisch kommen.«

*

Als wir Franz Müllers Tafel erreichten, wurden sofort zwei zusätzliche Stühle für uns an den Tisch gestellt. Er umarmte uns beide herzlich. »Danke für das unglaubliche Konzert. Ich habe mir vieles erhofft, aber dass es so gut wird, hätte ich mir im Traum nicht ausmalen können.«

Mit uns saßen zehn Personen am Präsidententisch. Franz stellte sie uns im Schnelldurchlauf vor. Chefarzt Professor Christian Carius war offensichtlich dermaßen berauscht von kolumbianischen Exportgütern und dem schweren Merlot, dass er die Bedienungen notgeil mit schlüpfrigen Bemerkungen belästigte.

Softwareunternehmer Leo schien Frauen im Gegensatz zum Professor eigentlich nur als beste Freundinnen zu mögen. Felix besaß eine große Maschinenfabrik und saß zusammen mit seiner Gattin Viktoria direkt neben Franz. Sie waren zusammen mit ihm und seiner vor zwei Jahren verstorbenen Frau Hannelore oft gemeinsam gereist und am engsten mit Franz befreundet. Sebastian war Architekt und mit der um die 20 Jahre jüngeren Yvonne verheiratet, die offensichtlich gerade schwanger war. Rainer war Franz' Banker und Weggefährte aus den Anfängen des Unternehmertums. Er hatte mit ihm schon manche geschäftliche Schlacht geschlagen und schwersten finanziellen Seegang überlebt. Rainer hatte eine weibliche Begleitung dabei, die geradeso gut seine Tochter sein könnte.

Felix, der Heidelberger Fabrikant, saß direkt neben mir. »Das hat mir wahnsinnig gut gefallen, was Sie da gemacht haben. Diese Mischung aus Rap und Schlager oder wie man das sagt.«

»Danke schön«, antwortete ich höflich.

Felix war ein angenehmer Mensch mit gutem Benehmen. »Sind Sie aus Amerika?«

»Nein, aus dem Schwarzwald.«

»Ehrlich?« Er leerte sein Glas und stellte es so schwungvoll wieder ab, als wolle er seinen frischen Entschluss damit unterstreichen. »Kann ich Sie auch mal für eine Veranstaltung buchen?«

»Grundsätzlich natürlich. Das mit dem Rap haben wir aber gestern zum ersten Mal gemacht. Wir haben uns durch einen Zufall kennengelernt.«

»So frisch ist das? Unglaublich! Es war auf jeden Fall sensationell.«

Marlen, die unser Gespräch verfolgt hatte, gab Felix ihre Visitenkarten von der Konzertagentur. »Das ist unser Kontakt. Ich leite alle Anfragen direkt an Cossu weiter.«

»Sind Sie seine Managerin?«

»Nein, nur eine Freundin.«

Felix lachte mich an: »Ach, das ist Ihre Freundin?«

»Wir haben uns auch erst gestern getroffen.«

»Jetzt sag ich Ihnen mal was. Meine Frau Viktoria habe ich vor 30 Jahren über einen Freund auf einer Party kennengelernt. Ich habe sie an diesem Abend nach Hause gebracht. Es ist nichts passiert, aber wir fanden uns sehr sympathisch. Wir haben uns dann für den nächsten Tag zum Kaffee verabredet, waren danach noch aus und, ja, seither sind wir zusammen. In all den Jahren waren wir kaum einen Tag getrennt, haben mittlerweile drei erwachsene Töchter und lieben uns wie am ersten Tag. Stimmt's, Vicky?« Felix nahm die Hand seiner Frau

»Absolut!« Die Art, wie Viktoria ihren Mann anlächelte, zeigte, wie sehr die Geschichte stimmte. Die beiden hatten sich nicht gesucht, aber gefunden.

Melanie, die am Nachbartisch gemeinsame Erinnerungsfotos mit einem Ehepaar machte, zwinkerte mir und Marlen gut gelaunt zu. Marlen winkte sie an unseren Tisch. »Magst dich zu uns setzten?«

Franz Müller sprang sofort auf. »Es wäre eine große Ehre für mich, wenn Sie uns noch ein bisschen Gesellschaft leisten.«

»Ja, gerne.«

Franz stellte umgehend einen weiteren Stuhl direkt neben sich an den Tisch. »Bitte nehmen Sie Platz.«

»Aber nur, wenn du das Sie weglässt, sonst fühl isch mich so alt.«

Franz Müller strahlte über beide Wangen. »Gern, Melanie.«

»Eigentlich auch ein schönes Paar«, flüsterte mir Marlen ins Ohr.

Melanie wirkte gelöst, war jetzt der Mensch, den sie auch nach außen verkörperte, wenn man sie kennenlernte. Eine lebenslustige Dame aus dem Ruhrpott, die auf eine lange Karriere zurückblicken konnte. Nicht das unterdrückte Mädchen, das nach Anerkennung und Liebe rang.

Wo war in diesem Zusammenhang eigentlich Thomas? Vorhin hatte ich ihn noch gemeinsam mit Bernd am Zapfhahn stehen sehen. Ich erblickte ihn mit ein paar Zipfelklatschern auf dem Außendeck, alle eine dicke Zigarre in der einen und einen Cognac in der anderen Hand.

*

Das Schiff erreichte den Anleger in Heidelberg. Mit der Routine von vielen Jahren manövrierte der Kapitän seinen Kahn an die Parkposition. Zwei Matrosen befestigten die Taue an den Pollern. Unweit des Stegs setzten ein paar Enten zur Landung auf dem Wasser an. Das Ende unserer Neckarfahrt bedeutete nicht das Ende der Party, sondern nur die erste Möglichkeit, sie zu verlassen, was aber kaum jemand tat. Die meisten hatten einen Heidenspaß auf dem mehr als gelungenen Fest. Melanie und Franz hatten sich ganz offensichtlich viel zu erzählen. Marlen gab mir unter dem Tisch einen sanften Schubser und ein Zeichen aufzustehen.

»Ich muss mich noch a bisserl um meine anderen Schäfchen kümmern«, entschuldigte sie sich bei Franz, »wir sehen uns nachher wieder.« Konspirativ zwinkerte sie Melanie zu.

Wir gingen raus an Deck und platzierten uns in einiger Entfernung zu den Mitmenschen an der Reling. Der Mond war fast voll und glänzte silbern auf den sanften Wogen des Neckars.

»Wo waren wir vorhin stehen geblieben?«

»Ich erinner mich gar ned mehr«, erwiderte Marlen schelmisch und zog mich ein Stückchen näher zu sich heran. »Mir ist kalt.«

Ich war gerade dabei, meine wärmenden Arme um sie zu legen, als Thomas in der Zigarrenrunde ein paar Meter weiter stark zu husten begann. Bernd und die anderen klopften ihm auf den Rücken. Thomas riss sich das Hemd auf und keuchte unerlässlich, rang panisch nach Luft. Ich rannte hinüber.

»Was ist passiert?«

»Er hat ein paar Erdnüsse auf einmal in den Mund genommen und sich verschluckt.«

Bernd zitterte am ganzen Körper, als er das sagte. Ich hatte in jungen Jahren eine Ausbildung zum Rettungssanitäter gemacht, und auch wenn ich das seither nicht mehr praktizierte, wusste ich, wie ich mit dem Heimlich-Griff versuchen musste, die Erdnuss aus der Luftröhre zu lösen.

»Bringt mir einen Stuhl!«, rief ich den umstehenden Personen zu. Marlen reagierte sofort und kam Sekunden später zurück. Ich platzierte den Stuhl hinter den 2 Meter großen Hünen und stellte mich darauf. Dann packte ich Thomas, der schon blau anlief, beugte ihn nach vorn, umschloss von hinten mit den Armen den Oberbauch, ballte meine Faust und presste sie unterhalb der Rippen in die Magengrube. Mit der anderen Hand griff ich meine Faust und zog ruckartig nach hinten zu seinem Körper. Thomas prustete, röchelte, schnappte nach Luft und spuckte schließlich die blockierende Erdnuss aus. Kraftlos und völlig erschöpft, ließ er sich auf den Boden des Decks nieder. Ich atmete tief durch, setzte mich neben ihn und nahm ihn in den Arm. In der Zwischenzeit hatten sich einige Menschen um uns herum versammelt.

»Soll ich einen Krankenwagen rufen?«, rief Marlen.

Thomas winkte ab. »Nee, allet okay! Danke!«

Nach und nach beruhigte sich die Atmung wieder. Den Leuten, die sich halb besorgt, halb neugierig, um uns geschart hatten, gab ich ein Zeichen, dass alles okay war und sie zur Party zurückkehren konnten. Nur Bernd, die beiden Zipfelklatscher, Marlen und ich blieben bei Thomas. Nach ein paar Minuten Ruhe, stand ich auf und hielt ihm die Hand hin. »Komm, ich bringe dich ins Hotel.«

Marlen nahm seine andere Hand. »Ich organisiere ein Shuttle.«

»Dat is lieb von euch, aber ihr braucht euch keine Sorgen zu machen, ich kann auch allein zurückfahren.«

»Nein, nein. Das machen wir schon. Ich bring dich nach Hause.«

Sichtlich geschockt, nahmen Bernd und die anderen beiden Zipfelklatscher Thomas in den Arm.

»Sogamol, du host ma an schönen Schreck eingejagt.« Bernd wirkte sichtlich ernüchtert.

Marlen zog mich auf die Seite. »Du mochst mi fertig. In jeglicher Hinsicht. Das war einfach ... super.«

»Ich wollte ein bisschen den großen Max machen, um dir zu imponieren.«

Sie legte mir ihren Zeigefinger auf den Mund. »Quatsch, du Dodel!« Danach ersetzte sie den Zeigefinger durch ihre Lippen, küsste mich und streifte dabei zart durch meine Haare. Thomas ging es inzwischen wieder besser. Außer Gefahr, war er nur noch angeschickert und müde. Melanie hatte inzwischen auch von dem Zwischenfall mitbekommen und kümmerte sich um ihn. Marlen hatte ein Shuttle bestellt. »Wir können, das Shuttle wartet draußen.«

Thomas nickte dankbar. Melanie drückte seine Hand. »Isch komm mit.«

»Nee, dat musste nich. Mir jet et jut und Lumpi freut sich, wenn isch wiedr da bin. Feier noch ein bisschen! Ich han et mal wieder übertriben! Sorry!«

Melanie streifte Thomas über den Arm und sah ihn an, als wären sie wirklich das Paar, das sie allabendlich bloß darstellten.

»Dann lass uns fahren«, lautete Marlens Kommando. Thomas und ich winkten Franz Müller und den anderen noch einmal zum Abschied, bevor wir in das Shuttle stiegen.

Wenige Minuten später erreichten wir das Hotel. Auf dem Weg zum Fahrstuhl verabschiedete sich Marlen. »Gute Nacht, ihr beiden. Ich muss noch schnell was organisieren.«

So, dass Thomas es nicht sah, signalisierte sie mir hinter seinem Rücken, dass sie mich anrufen würde.

Als sich die Fahrstuhltür öffnete, nahm Thomas mich unvermittelt in den Arm und drückte mir einen Kuss auf die Wange. »Danke, du hast mir das Leben gerettet. Dat werd isch dir nie verjessen. Hast wat jut bei mir.«

»Das war selbstverständlich. Jederzeit wieder.«

*

Was für ein Abend. Auf meinem Zimmer schaltete ich den Fernseher an, legte mich aufs Bett und wartete darauf, dass das Telefon klingelte, als es stattdessen an der Tür klopfte.

Ich sprang auf und öffnete. Mit einer Flasche Wein und zwei Gläsern bewaffnet, stand Marlen auf dem Gang. »Zimmerservice, Sie hatten eine Flasche Wein bestellt?«

Mein Herz schlug höher. »Ja, kommen Sie doch bitte herein.«

Marlen betrat meine heiligen Hallen, stellte Flasche und Gläser auf den Tisch, drückte auf die Ausschalttaste am Fernseher, streifte sich die Pumps von den Füßen und kam auf mich zu. »Musste noch was zum Trinken für meinen Helden besorgen.«

Der Korken war bereits geöffnet und nur aufgesteckt. Marlen schenkte einen Schluck in beide Gläser ein und drückte mir eines in die Hand. »Cheers!«

Beseelt stieß ich mit Marlen an. Dann nahm sie mir mein Glas aus der Hand, stellte die Gläser ab und küsste mich zart auf den Mund. »Ich hab mich in dich verliebt, Lukas.«

»Ich mich in dich auch«, war das Letzte, was ich herausbrachte, bevor wir uns leidenschaftlich zu küssen begannen und dabei langsam aufs Bett sanken.

*

Die Sonne blitze freundlich durch den Schlitz im Vorhang. Meine Hand suchte Marlen, griff aber ins Leere. Auch die Flasche Wein und die Gläser waren verschwunden. Ich hatte doch nicht halluziniert? Es war kurz vor neun. Ich sprang aus dem Bett, ging ins Bad und fand dort ein großes rotes Herz aus Lippenstift an meinem Spiegel. Daneben ein Kussmund, wie in einem Hollywoodfilm. Glücklich wie lange nicht, duschte ich und tänzelte eine Viertelstunde später in den Frühstücksraum.

Zwischen Kaffee, Rührei und dem Duft frisch gebackener Brötchen herrschte beste Laune. Nach der Abschlussshow heute Abend in Ulm ging es für alle zunächst nach Hause, und so sehr Showmenschen die Zeit unterwegs genießen, so sehr freuen sie sich üblicherweise erst recht auf die vertraute Umgebung. Für mich stand heute noch einiges auf dem Programm. Mit dem Zug nach Stuttgart und mit Oli zum Flughafen, anschließend mit den Ringen zu Anika und Juan. Abends nach Ulm zur Show und morgen Vormittag zur Hochzeit. Langweilig würde es mir in den kommenden Stunden sicher nicht. Während ich nach Marlen Ausschau hielt, legte jemand zart von hinten die Hände um mich. »Guten Morgen, mein Süßer! Ich sitz da drüben am Fenster.«

Ich drehte mich in Marlens Richtung, und sie begrüßte mich lachend mit Küsschen links, Küsschen rechts. »Heute Abend ist mein Job zu Ende«, flüsterte sie, »dann gehör ich dir ganz, wenn du magst.«

»Warum bist du gegangen?«

»Heute Abend bleib ich. Musst halt nach Ulm kommen.«

»Für dich komme ich überall auf der Welt hin.«

Sie schenkte mir ihr schönstes Lächeln, während schon wieder ihr Handy klingelte.

Bevor ich an den Tisch ging, den Marlen mir gezeigt hatte, versuchte ich mein Glück und wandte mich vertrauensvoll an eine junge Dame des Servicepersonals. »Entschuldigung, haben Sie vielleicht einen Cappuccino mit Hafermilch?«

»Sorry, no German!«

»No German?«, fragte ich ungläubig.

Sie schüttelte freundlich den Kopf und machte sich auf, das Buffet nachzufüllen. Ich entdeckte eine andere Bedienung, die gerade auf dem Weg in meine Richtung war. »Sorry, do you speak German?«

»Ähm, ja«, antwortete sie.

»Can you maybe ...«

»Sie wollten Deutsch sprechen.«

»Ja, natürlich. Sorry. Haben Sie Hafermilch?«

»Bitte was? Nein, tut mir leid.«

Neben mir erschien ein süßes Hundegesicht. Thomas stand mit Lumpi im Arm neben mir am Buffet.

»Wie geht's dir, Thomas?«

»Top, Cossu! Isch denke, dat gestern war ein Hallo Wach für mich, mein Leben an der ein oder anderen Stelle etwas zu ändern.«

Ich berührte ihn zustimmend am Arm.

Schließlich schaffte ich es, mir einen normalen Cappuccino und ein Croissant zu ergattern. Aber ganz ehrlich, es interessierte mich gerade wie ein plattes Fahrrad in Holland. Ich schwebte auf Wolke sieben und hatte vorhin noch einen grandiosen Einfall für meinen Song »We are the Germans« zu Papier gebracht.

XIV.

Um kurz vor halb elf brachten uns die Shuttles zum Hauptbahnhof in Heidelberg. Die ganze Crew wartete am Bahnsteig auf den ICE nach Stuttgart. Marlen schmiegte sich dezent an mich. »Das war sehr schön heute Nacht.«

»Ich hab gar nichts mitbekommen. Was war da?«

»Oasch!«

Ich musste laut lachen. »Es war nicht nur sehr schön, sondern das unbeschreiblich Schönste, was ich je erlebt habe.«

Sie lächelte und streichelte mir mit der Hand über die Wange.

»Na, ihr Turteltäubchen?«, trat Melanie in unseren intimen Moment.

»Was meinst du?«, fragte Marlen unschuldig.

»Komm, verarschen kannste dich selbst! Ihr seid wirklich süß zusammen.«

»Wie war's bei dir gestern noch?«

»Unglaublich. Der janze Abend. Außer Thomas' Stunt. Aber dat is ja noch mal jut gegangen.«

»Der Gastgeber war ja auch ein sehr charmanter Mann!«, zündelte Marlen ein wenig, um mehr zu hören.

»Franz ist genau der Mann, den man sich als Frau so wünscht.«

»Na dann!«

»Nee, Marlen, isch mach jetzt erst mal komplett Männerpause und sehe zu, dass ich wieder mit mir selbst klarkomme. Thomas und ich werden uns getrennte Wohnungen suchen. Und Franz, na ja, wir haben Nummern getauscht. Wenn es so sein soll, werden wir uns wiedersehen.«

Ich bat Marlen, Oli eine Nachricht zu schicken, dass wir in Kürze losfahren und ich um kurz vor zwölf in Stuttgart sein würde.

Der Zug war nur fünf Minuten zu spät. Nach all den Streiks und permanenten Verspätungen ein Lichtblick der Deutschen Bahn. Sogar im Ausland sind wir wohl dafür bekannt, dass die Bahn immer zu spät ist. Die US-französische Hollywood-Schauspielerin Julie Delpy setzte mal einen verärgerten Instagram-Post ab, in dem sie andere Reisende warnte, niemals in Deutschland die Bahn zu benutzen. »Geht lieber zu Fuß, wenn es sein muss.«

Heute blieb alles im grünen Bereich. Marlen saß neben mir in einem Großraumwaggon am Fenster, gegenüber Bernd und Schorsch. Ich zog meine Notizen zu »We are the Germans« heraus und reichte sie Bernd über den Gang. Der war total begeistert. Ich beschrieb ihm, wie ich mir Strophen und Refrain gedacht hatte.

»Machma heut Abend, Cossu! Beim Soundcheck gemas mit den Burschen durch, aber des spui ma heit Abend!« Marlen grinste in sich hinein. Sie wusste, dass ich sehr entschlossen bin, wenn es die Situation erfordert.

Nach nicht mal einer Stunde fuhr der ICE in Stuttgart ein. Marlen hatte die Crew informiert, dass man sich zügig an einen anderen Bahnsteig bewegen müsste, um den Anschluss nach Ulm nicht zu verpassen. Als alle draußen waren, gab Marlen mir einen schnellen Abschiedskuss und ihre Visitenkarte. »Da is meine Handynummer drauf, denn weißt du was? Die hast du noch gar ned! Mein Süßer, wir sehen uns heute Abend. Soundcheck ist um sechs. Ich freu mich auf dich!«

Sie eilte den anderen hinterher und warf mir noch einen Luftkuss zu. Ich sah ihr nach, bis sie in der Menschenmenge untergetaucht und nicht mehr zu sehen war.

Mein Blick wanderte durch die Menschen. Ich sah mich am Bahnsteig um, ob ich Oli irgendwo entdeckte. Fehlanzeige!

Da der Bahnhof in Stuttgart aktuell noch ein Sackbahnhof war und sich das erst mit Stuttgart 21 ändern sollte, lief ich den Bahnsteig entlang bis zum Ende des Gleises. Doch auch hier keine Spur von Oli. Er war nicht immer der Pünktlichste, also was sollte es? Da ich ihn nicht anrufen konnte, beschloss ich, einfach nach Hause zu laufen. Die Wohnung in der Innenstadt war gerade einmal 20 Minuten vom Bahnhof entfernt. Was aber, wenn Oliver nicht zu Hause war? Mein Schlüssel war ja auch in meinem Gepäck. Eigentlich hätte ich mich freuen sollen, es nach all den Irrwegen endlich wieder zurück nach Hause geschafft zu haben, aber irgendwie fühlte sich das alles hier anders an als vor fast zwei Wochen, als ich nach Mallorca geflogen war.

Ich beschloss, direkt mit dem Taxi zum Flughafen zu fahren, um mein Gepäck auszulösen. Das Wetter vor dem Bahnhof passte zu meiner Stimmung, in der ich schon jetzt die Tourjungs, aber vor allem Marlen, vermisste - es regnete wie aus Kübeln.

Eine halbe Stunde später kam ich am Flughafen an. Ich fragte mich durch, bis ich die Polizeistation im Terminal erreicht hatte, die auch die Fundsachen verwaltete. Dort war es aktuell sehr ruhig. Ein junger Beamter tippte etwas in seinen Computer und beachtete mich zunächst überhaupt nicht. Ich räusperte mich, was dazu führte, dass er mich kurz ansah und weiter mit seinem Computer beschäftigte. Na gut, immerhin hatte er mich wahrgenommen, aber seine Motivation, mich nach meinem Anliegen zu fragen, blieb überschaubar. Die Tür sprang auf und zwei mit Maschinenpistolen bewaffnete Beamte kamen herein. Sie warfen einen schnellen Blick auf mich, verschwanden im hinteren Bereich der Polizeistation und waren nicht mehr gesehen. Nach gefühlten Stunden, es waren natürlich nur Minuten, kam der Beamte, der seine Arbeit am Computer beendet hatte, zu mir.

»Was kann ich für Sie tun?«

»Ich möchte mein Gepäck abholen.«

»Ausweis, bitte.«

»Das ist das Problem, der ist in meinem Gepäck.«

Der Mann schaute mich genervt an.

»Ja, was soll ich dann machen? Ich kann Ihnen kein Gepäckstück aushändigen, wenn Sie sich nicht ausweisen können.«

Ich beschrieb ihm den Rucksack und den Koffer. Zudem erklärte ich, wie es zu der Situation gekommen war und dass mein Freund Oliver vor zwei Tagen mit einem Kollegen gesprochen habe, der bestätigt hatte, dass mein Gepäck hier sei. Genervt verschwand der Beamte in den hinteren Räumen. Nach weiteren langen Minuten kam er zurück. Er schob meinen Rollkoffer neben sich her und trug meinen Rucksack in der Hand.

»Sind das die Gepäckstücke, die Sie verloren haben?«

»Ja, genau«, antwortete ich erleichtert.

»Dann bräuchte ich mal bitte Ihren Ausweis.«

Oh Mann, dachte ich, *welchen Teil an dem Satz »Mein Ausweis ist im Rucksack« hast du nicht verstanden?*

Er schaute mich fordernd an.

»Wie schon gesagt, mein Ausweis ist in dem Rucksack.«

Seufzend wuchtete er den Rucksack vor mich auf die Theke. Ich öffnete ihn unter seinen strengen Augen, zog meine Ausweispapiere und den Boarding Pass raus und überreichte sie dem misstrauischen Staatsdiener. Penibel überprüfte er die Daten, befand endlich alles für korrekt und händigte mir Rucksack und Koffer aus. Danach setzte er sich, ohne mir einen weiteren Blick, geschweige denn ein Wort des Abschieds zu widmen, wieder hinter seinen Schreibtisch. Wenn ich ausgesprochen hätte, was mir durch den Kopf ging, hätte der Tag für mich wohl in der Flughafenzelle geendet.

Auf einer der Wartebänke in der Flughafenhalle überprüfte ich, ob alle Gegenstände noch vorhanden waren. Dazu packte ich die im Rucksack oben liegenden Dinge wie T-Shirt, Waschbeutel und Notizbuch kurz aus und legte sie neben mich auf die Bank. Meine Schlüssel, mein Geldbeutel, mein völlig entladenes Smartphone – alles da. Aber Moment mal! Wo zum Teufel waren die Ringe? In heller Panik durchsuchte ich den gesamten Rucksack. Keine Ringe!

Während gut gelaunte Urlaubsfamilien, die trotz des Regens schon jetzt nach Sonnencreme rochen und deren Kinder allen Ernstes bereits Schwimmflügel trugen, an mir vorbeischlenderten, sah ich das Bild vor mir, welches Oli spaßeshalber von den diebischen Ostälblern gezeichnet hatte. Zwei von ihnen flanierten in meiner Vorstellung mit ihren neuen Klunkern aus Osmium durch Aalen und amüsierten sich jetzt über den vertrauensseligen und vertrottelten Cossu. Während ich immer panischer wurde und jeden Winkel des Rucksacks immer und immer wieder durchkämmte, klopfte jemand leicht auf meine Schulter. Eine gut gekleidete ältere Dame mit Gehstock, die nicht mehr so gut zu Fuß war, zeigte zittrig auf den Boden. »Sie hen da was verloren!«

Mir gefror fast das Blut in den Adern, als ich das Ring-Etui auf den Fliesen des Flughafens liegen sah. Gleichzeitig fiel mir ein Felsbrocken vom Herzen. Ich bückte mich und öffnete die samtene Verpackung. Alles da. Es musste mir beim hektischen Ausräumen runtergefallen sein. Ich sprang auf und drückte die alte Dame. »Vielen herzlichen Dank, Sie haben mein Leben gerettet!«

Sie verstand zwar nicht, warum ich so euphorisch war, freute sich aber mit mir.

»Ja, wenn des so leicht isch, Ihr Leben zu retten, gerne.« Bedächtigen Schrittes setzte sie ihren Weg durch die Flughafenhalle fort.

Eilig packte ich alles zusammen und machte mich auf zum Taxistand. Es war nunmehr schon fast 13.30 Uhr. Ich musste nach Hause, mich umziehen, die Ringe zu Anika und Juan bringen, kurz alles für die Trauung morgen besprechen und um 18 Uhr in Ulm sein.

*

Als ich um etwa 14 Uhr die Tür zur Wohnung aufschloss, hörte ich bereits Stimmen aus Richtung Küche, denen ich direkt folgte.

»Hi Oli!«

Mein Kumpel schaute mich peinlich berührt an.

»Gude«, begrüßte ich kurz ihn und seine Begleiterin, die nur in T-Shirt und Slip bekleidet am Frühstückstisch saß.

»Du bist schon hier?« Oli sprang auf und nahm mich zur Begrüßung in den Arm.

»Ja, um zwölf war der Zug in Stuttgart.«

»Scheiße, sorry. Ich hab es verpennt. Sie ist schuld.«

Grinsend zeigte er auf seine Begleiterin. Sie zog eine Schnute.

»Du siehst gut aus. Für einen Schiffbrüchigen sogar verdammt gut.«

»Mir ging's auch selten besser.«

»Cool! Sollen wir kurz zum Flughafen und dein Gepäck holen?«

»Schon passiert. Sonst hätte ich keinen Hausschlüssel gehabt.«

»Okay. Sorry noch mal, ich mach's wieder gut.«

»Kein Ding. Hat ja alles geklappt. Ich mach mich kurz frisch! Nachher fahre ich zu Anika und Juan und bringe ihnen die Ringe.«

Ich betrat mein Zimmer und steckte als erste Amtshandlung mein Handy an den Strom. Dann warf ich mich auf mein Bett und starrte an die hohen Decken der Altbauwohnung. Endlich wieder zu Hause. Doch war das wirklich so? Bis vor zweieinhalb

Tagen hätte ich nach der ganzen Irrfahrt ein Königreich dafür gegeben, schnellstmöglich wieder in mein Refugium zurückzukehren, denn nirgends war es so schön und vertraut wie in den eigenen vier Wänden. Heute fühlte es sich anders an, obwohl sich hier nichts verändert hatte, seit ich vor knapp zwei Wochen nach Mallorca geflogen war. Die Wohnung war die Wohnung. Oli war Oli. Die Mädels am Frühstückstisch immer andere. Das Einzige, was sich wirklich verändert hatte, war ich. Im größten Chaos meines Lebens war ich auf Menschen getroffen, die es gut mit mir meinten und sich um mein Wohl sorgten. Ina, die Berliner Altenpflegerin, oder mein Engel Dr. Frida Rock. Der gutmütige demente Adalbert, der die Fahrt nach Berlin nur gut gemeint hatte. Aber vor allem die verrückte Tour-Familie. Die Krönung allerdings war, dass ich mit Marlen den Menschen kennenlernen durfte, der meine Seele berührte wie nie jemand zuvor in meinem Leben. Glück, Schicksal, Fügung? Es war mir völlig egal. Ich hatte mich verliebt. Manche nennen es heutzutage schockverliebt, aber das wird der Sache nicht gerecht und klingt zu billig. Wenn Marlen bei mir war, fühlte ich mich wohl, und das war von der ersten Sekunde an so. Ich kann es nicht beschreiben. Ihre Aura war wie ein wohliges, vitalisierendes, aber auch beschützendes Energiefeld, das sich um mich legte und jetzt, wo sie nicht da war, vermisste ich sie.

Es klopfte an der Zimmertür. Oli stand im Rahmen.

»Noch mal sorry, Alter. Ich habe es versaut.«

»Kein Problem, Oli. Ich fahr nachher nach Ulm zum Abschluss-Gig der Jungs, die mich in Berlin mitgenommen haben. Kommst du mit?«

»Würde ich schon gern, aber ich leg heute Abend auf.«

»Dann verpasst du meinen neuen Song … und Marlen.«

Oli grinste, fast ein wenig stolz wie ein Vater, der seinem Jungen alles Glück der Welt gönnt. »Warum habe ich das Gefühl, dass ich beides sehr bald kennenlernen werde?«

Nachdem ich mich frisch gemacht und umgezogen hatte, packte ich ein paar Sachen und die Ringe und machte mich auf den Weg. Oli lag auf der Couch im Wohnzimmer und surfte auf seinem Tablet.

»Ich liefere die Ringe aus und fahre weiter nach Ulm.«

»Gut siehst du aus und jetzt weiß ich ja auch, warum. Sag deim Schnuggelsche unbekannterweise liebe Grüß!«

»Mach ich!«

*

Als ich vor dem modernen Dreifamilienhaus am Stadtrand von Stuttgart ankam, hatte es gerade aufgehört zu regnen. Anika und Juan wohnten in einer geräumigen Erdgeschosswohnung mit Garten. Über dem Viertel lag die schwäbisch-sonntägliche Ruhe. Ein paar Vöglein erlaubten es sich, zu zwitschern, und ein älteres Ehepaar führte seinen Dackel um den Block.

Ich klingelte. Keine Reaktion. Ich wartete einen Moment und versuchte es erneut. Wieder nichts. Zügig lief ich um das Haus, um vielleicht einen Blick durch die Hecke erhaschen zu können. Die Terrassentür stand offen, also musste jemand zu Hause sein. Anika vergaß nichts, schon gar nicht, die Terrassentür zu schließen, wenn sie nicht daheim war. Ich zog mein Handy aus der Tasche und rief sie an. Nichts. Sogar ihre Mailbox war aus. Langsam begann ich, mir Sorgen zu machen. Was, wenn ihr etwas zugestoßen war? Leise rief ich durch die Hecke: »Anika, ich bin's, Cossu. Mach doch bitte auf.«

Zwar antwortete niemand, aber ich sah, dass sich der Vorhang bewegte. Jemand musste zu Hause sein. Ich ging zurück zur Haustür, als der Summer ertönte und sich die Eingangstür öffnete. Ich betrat das Haus. Die Wohnungstür war angelehnt. Vorsichtig drückte ich sie auf. In wenigen Metern Entfernung stand mir Anika wortlos gegenüber. Ich schloss die Türe hinter mir und ging auf sie zu. Ihr Gesicht war völlig verweint, die Augen rot. Da stand sie vor mir, die Frau, die immer eine Lösung wusste, kraftlos und leer.

»Anika, was ist hier los?« Ich nahm sie in den Arm und hielt sie einen traurigen Moment lang fest, während sie hemmungslos schluchzte. Ich nahm ihre Hand und führte sie zum Sofa.

»Ani, was ist passiert?«

»Er ist weg. Ich habe ihn rausgeschmissen. Die Hochzeit ist abgesagt. Ich hatte schon in den letzten Wochen immer so ein seltsames Gefühl, dass irgendetwas nicht so war wie sonst, aber ich konnte es nicht erklären. Gestern hat er mir dann gestanden, dass er seit Kurzem auch Gefühle für eine andere habe. Es sei noch nichts zwischen ihnen passiert, aber er wisse nicht genau, wohin sein Herz gehöre. Er bat mich um Entschuldigung, dass er mich unter diesen Bedingungen nicht heiraten könne. Um Entschuldigung! Kannst du dir so was vorstellen?«

Ihre Stimme brach. Es schnürte mir die Kehle zu, meine beste Freundin so erleben zu müssen. Mir standen selbst die Tränen in den Augen. Ich schaute zur Seite.

»Ganz ehrlich? Ich habe Juan nie wirklich getraut.«

»Du warst immer freundlich, höflich, hast dir nie was anmerken lassen, weil du mir meine Freude nicht nehmen wolltest. Aber du hast gespürt, was ich nicht gespürt habe.«

Ich senkte den Kopf. Sie hatte recht, ich hielt Juan immer eher für einen Don Juan. Aber wie hätte ich das einer Frau sagen sollen, die in dieser Beziehung so angekommen zu sein schien wie nie zuvor? Was, wenn ich mich getäuscht und doch etwas Gesundes damit zerstört hätte?

»Du warst so glücklich, also war ich es auch.«

Anika lächelte und strich mir durchs Haar, während ihr die nächsten Tränen über die Wange liefen.

Ich zog das Etui mit den Ringen aus der Tasche. »Soll ich sie für dich aufbewahren?«

Anika nahm das Etui und öffnete es. »Sie sind wirklich wunderschön. Sie sind so, wie ich meine Beziehung bis gestern Abend gesehen habe.« Sie drückte mir das Etui in die Hand. »Ich schenke sie dir. Falls du einmal das Gefühl hast, die Richtige gefunden zu haben.«

»Vielleicht habe ich das schon«, antwortete ich ruhig.

»Kenne ich sie?«

»Nein, aber du kannst sie später kennenlernen, wenn du möchtest. Ich fahre gleich nach Ulm. Dort ist ein Konzert. Ich trete auch auf. Komm mit, das lenkt dich ab.«

Anika lächelte. »Nein, mein Lieber, heute nicht. Ich möchte einfach nur allein sein. Ich brauche keine Ablenkung, ich brauche meine Ruhe.«

»Ruf mich an, falls du es dir noch überlegst oder ich was tun kann. Jetzt bin ich ja wieder erreichbar.«

Anika drückte mich fest an sich. »Danke, Cossu! Mein allerbester Freund!«

XV.

Über der Autobahn nach Ulm waren die Wolken der Sonne gewichen. Die Piste war viel befahren, aber heute stockte der Verkehr nicht mal am Aichelberg, einer neuralgischen Staustelle.

Kurz vor 18 Uhr fuhr ich am Hintereingang der Halle vor. Marlen wartete am Backstage-Eingang auf mich. Zugegebenermaßen stand sie dort nicht auf Verdacht. Seit ich in Stuttgart losgefahren war, hatten wir zweimal telefoniert. Warum? Weil ich es konnte. Ich hatte mein iPhone zurück und war wieder ein Teilnehmer der modernen Kommunikation. Aber ganz ehrlich: Ohne Telefon hatte mir die letzten Tage eigentlich nichts gefehlt. Möglicherweise sollte ich das Ding in Zukunft viel öfter auf die Seite legen und einen generellen Digital Detox durchführen.

Ich parkte neben dem Equipment-Truck. Kaum zu glauben, ich war aufgeregt. Aufgeregt, wieder dem Menschen zu begegnen, den ich erst vor ein paar Stunden verabschiedet hatte.

Marlen ging es genauso. »Guat schaust aus.«

»Danke. Und du erst!«

»Ich bin ja auch noch jung.«

Für meinen gespielt entrüsteten Blick gab es ein Bussi. »Lass uns reingehen, dann kannst du mit den Jungs noch kurz deinen Song üben.«

Als ich die Halle betrat, kamen mir schon die Ersten entgegen, um mich zu begrüßen.

»Da bist du ja endlich wieder. Mir haben dich schon vermisst.« Bernd herzte mich und trommelte das ganze Team zusammen. Auch die Börschter sowie Melanie und Thomas empfingen mich, als hätten wir uns wochenlang nicht gesehen.

Ich präsentierte ihnen meine Songidee zu »We are the Germans«, alles handschriftlich auf einem Blatt Papier.

»Dat is jeil!«, entfuhr es Thomas. Auch die anderen waren sofort begeistert.

Marlen nahm mir mein Werk kurz aus der Hand, um wenige Minuten später mit Fotokopien für alle wiederzukommen.

Die erste Probe des neuen Liedes führte zu Standing Ovations von den Künstlern, der Crew und Marlen. Während sie noch klatschten, bildeten alle in ausgelassener Stimmung einen Kreis um mich. Die Wendlsteiner Zipfelklatscher, die vier Friedrichsthaler Börschter, Melanie, Thomas, Toningenieur Ingo, die gesamte Technik- und Lichtcrew. Einfach alle, auch Marlen, die frech grinsend neben mir stand. Ich wusste nicht, was hier gerade mit mir passierte. Bernd trat zu mir in den Kreis und bat kurz um Ruhe. »Lieber Cossu, wir kennen uns erst seit drei Tagen, aber du bist gleich von Anfang an ein Teil unserer großen Tour-Familie gewesen.«

Beifall!

»Und am Ende einer Tournee mach ma immer a bisserl an Blödsinn.«

Mir schwante Böses, als ich in die schelmischen Gesichter schaute.

»Wir bestimmen einen aus dem Team, der was Besonderes machen muss. Die Wahl ist auf dich gefallen, lieber Cossu.«

Alle klatschten und skandierten: »Hey, hey, hey!«

»Wir haben weder Kosten noch Mühen gescheut, dir für deinen heutigen Auftritt ein standesgemäßes Kostüm zu organisieren. Und du weißt ja, wir sind mehr die Trachtentypen …«

Unter dem Gejohle der Crew trat Schorsch auf mich zu, in der einen Hand einen Kleiderbügel mit einer Schwarzwälder Frauentracht inklusive Faltenrock und in der anderen Hand einen sogenannten Bollenhut, der mit vielen roten Bommeln verziert war.

»Nee, oder?« Ich packte mir an die Stirn, sah zu Marlen, die ebenfalls jubelte und Beifall klatschte. Sie nickte bejahend. Ich rollte mit den Augen.

»Nein!«, rief ich in die Runde und erntete ein kollektives »Dooooch!«, gefolgt von »Cossu! Cossu!«-Sprechchören. Aus dieser Nummer kam ich nicht mehr heraus.

»Okay!« Ich hob die Arme. »Challenge accepted!«

Ich wandte mich an Marlen. »Du steckst dahinter, oder?«

»Ich?«, fragte sie gespielt entrüstet. »Niemals!«

Der Abend konnte kommen.

*

Und wie er kam. Die Halle war mit 1300 Zuschauern komplett ausverkauft. Ich stand gerade bei Ingo am Mischpult und unterhielt mich mit ihm über die lustigsten Dinge, die ihm in seinem Tour-Leben untergekommen waren, als ich im Augenwinkel etwas entdeckte, das ich kaum glauben konnte. Die ganze Fußballmannschaft von der Ostalb, die mit mir im Malleflieger und später im Bus von Leipzig nach Stuttgart gereist war, stand nur ein paar Meter entfernt. Ohne die unvergleichlichen T-Shirts mit dem unfassbaren Aufdruck *Spiel mir am Glied bis zum Tod* hätte ich sie nicht sofort erkannt. Sie aber offensichtlich mich.

»Hey, du bisch doch der, wo aus dem Bus abghauen isch.«

»Abgehauen? Ihr seid ohne mich losgefahren!«

»Ja, des hän ma gar net checkt. Erscht in Stuttgart. Dann hän ma dein ganze Gruscht dem Fahrer gebe.«

Kurz überfiel mich ein schlechtes Gewissen, dass ich den Jungs beim Kramen in meinem Rucksack am Flughafen ernsthaft unterstellt hatte, sich die Ringe unter den Nagel gerissen zu haben.

Marlen kam dazu. »Willst ma net deine Freunde vorstellen?«

»Die Jungs waren mit mir im Flieger aus Mallorca und dann im Bus. Sie haben mein Gepäck dem Fahrer gegeben. Danke, Jungs! Das war spitze! Ich hab alles wieder!«

»Des koscht aber a Runde.«

»Des seh ich auch so«, zwinkerte mir Marlen zu. »Wie viel seids ihr? 15? Ich organisier des!« Sprach's und verschwand durch die schon gut mit Zuschauern gefüllte Halle.

»Und wie bisch du nach Stuttgart zrückkomme?«

Ich musste lachen. »Ähm ... das ist eine lange Geschichte. Die erzähl ich euch, wenn wir das nächste Mal wieder miteinander im Bus fahren.«

Marlen und eine Angestellte des Veranstalters kehrten mit zwei Tabletts voller Bierbecher zurück und verteilten sie an die Fußballer. Ein Bier gab sie mir, ein anderes behielt sie selbst. Ich erhob meinen Becher. »Danke, Marlen und auf euch! Danke, dass ihr meine Klamotten gerettet habt.«

Sie stürzten den ersten Schluck herunter und stimmten ein bekanntes Trinklied an: »Dem Spender sei ein Trullala, Trullala, Trullala, / vielleicht ist noch ein Spender da, dem sei dann auch ein Trullala ...«

*

Die Lichter gingen aus. Die Show konnte beginnen. Marlen und ich, nun perfekt gestylt im Schwarzwälder Dirndloutfit, stellten uns im Backstage-Bereich seitlich neben die Bühne und verfolgten die Auftritte. Die Börschter, die Zipfelklatscher und natürlich Melanie und Thomas brachten den Saal zum Überkochen. Heute gab es zwei Zugaben, bevor Bernd mich ankündigte.

»Liebe Freunde, wir kommen zu unserem letzten Song. Für diesen Abend, aber auch für die ganze Tour. Begrüßt noch einmal mit mir unseren neuen Freund und begabten Künstler

Cossu, heute in seiner traditionellen Schwarzwaldtracht! Er hat in den letzten Tagen auf Tour einen Song für uns alle geschrieben: ›We are se Germans‹.«

Während die Halle tobte, lief ich unter dem Gebrüll der Zuschauer auf die Bühne. Als die Jungs und die Crew mich sahen, konnten sie vor Lachen fast nicht mehr spielen. Die beste Stimmung, die ich je auf einem Konzert erlebt hatte, ein einziger Flow der Freude.

We are se Germans,
Weiße Socken in Sandal'n,
We are se Germans,
Mannschaftsfahrt nach Arenal,
We are se Germans,
Talk to me deutsch, wir ham bezahlt!
We are se Germans,
Oktoberfest und Autobahn.

Deutsches Bier, deutsches Brot,
Steuern zahlen deutsche Not,
Martin Luther, Albert Einstein,
Aperol Spritz, Hugo Weißwein,
Deutschland, Deutschland, was geht ab?
Gartenzwerge hinter Maschendraht.
Nachtruhe, Streits in der Nachbarschaft,
doch wir sind Merkels Kinder (Wir schaffen das).

We are se Germans,
Weiße Socken in Sandal'n,
We are se Germans,
Mannschaftsfahrt nach Arenal,
We are se Germans,
Talk to me deutsch, wir ham bezahlt!

We are se Germans,
Oktoberfest und Autobahn.

Malleurlaub mit der Mastercard,
dafür wird das ganze Jahr gespart.
»Du spinnst wohl, dit wärn fast 20 Mark!«
»Wat, wie, et jibt kein Schnitzel hier à la carte?«
1, 2, 3, 4, 5, 6, 7,
in der Schule Kids am Dealen,
in der Schule wird gelacht,
weil der Lehrer n Burn-out hat.
(Hab dich doch nicht so.)

Servus, Gude, Moin, Tach,
Lothar, Poldi, Schiller, Bach,
Spatz in der Hand fickt Taube auf Dach,
Uffda-uffda-Krach.

We are se Germans!
Schala lala la la la!
We are se Germans!
Scha la la la, olé, olé!
We are se Germans!
Schala lala la la la!
We are se Germans!
Scha la la la, olé, olé!

Die Leute flippten komplett aus. Wir mussten den Song zweimal spielen, bevor Ingo Hits vom Band laufen ließ, die das Ende des Livekonzerts markierten.

Die Tour-Abschlussparty fand direkt im Anschluss im Backstage statt, aber die meisten von uns mischten sich gut gelaunt unter das Volk, das noch zahlreich in der Halle geblieben war, um mit uns zu feiern. Die Jungs gaben Autogramme, schossen Selfies und feierten mit den Leuten, denen sie ihren Erfolg zu verdanken hatten.

Meine Ostalb-Fußballer waren immer noch in ihrem Element und sangen jeden Song mit, der aus den Lautsprechern dröhnte. Dazu gab es »a Halbe aus dem Pappbecher«.

Marlen hatte gerade noch die Abrechnung erledigt, als sie gut gelaunt mit einem Glas Wein in der Hand neben mir auftauchte und mich tanzend von hinten in den Arm nahm. Ich stand mit der ganzen Crew am Getränkeausschank und feierte diese unglaubliche Truppe.

»Wie geht's jetzt mit uns weiter?«

»Ich hätt jetzt frei!«

»Meinst du heute, morgen, übermorgen … oder?«

»Ich meine unbegrenzt, ohne Limits, solang es leiwand ist.«

»Das kann aber ganz schön lang sein.«

»Bin einverstanden, mein lieber Piefke! Wusstest du eigentlich, dass Deutschland mal ein Teil von Österreich war?«

Meinen Protest erstickte sie unter dem Beifall der gesamten Tourcrew mit einem Kuss direkt im Ansatz.

XVI.

Die Stimme aus dem Cockpit rüttelte mich aus meinen Träumen. »Liebe Fluggäste, wir bitten Sie, sich nun wieder anzuschnallen, die Sitze aufrecht zu stellen und die Tische vor Ihnen hochzuklappen. Wir befinden uns im Anflug auf Stuttgart und werden in wenigen Minuten dort landen. Wir bedanken uns, dass Sie mit Dreamairs geflogen sind, und wünschen Ihnen noch einen schönen Abend in Stuttgart oder eine gute Weiterreise!«

Ich schreckte auf! Mir stockte der Atem! In Panik blickte ich mich um. Nein, bitte nicht! Das kann ich doch nicht alles geträumt haben! Meine Gedanken fuhren mit mir Karussell, als mir eine Hand zärtlich von hinten durch die Haare strich.

»Wos is los?«

»Nichts, ich bin … ich hab … ich war gerade im Tiefschlaf.«

Marlen drückte mir einen Kuss auf den Mund. »Des Klo is der Wahnsinn«, bemerkte sie kopfschüttelnd, als sie wieder neben mir Platz nahm. »So was von dreckig.«

Ich grinste in mich hinein. Gott sei Dank! Marlen war real. Für den Bruchteil einer Sekunde hatte ich wirklich Angst, dass all die wunderbaren Dinge, die wir in den letzten Tagen miteinander erlebt hatten, nie passiert waren. »Ach übrigens, Mile High Club nur im Privatjet, okay, mein Schatz?«

»Versprochen!«

»Wie lange hast du mich eigentlich schon nicht mehr geküsst?«

»Deutlich zu lange!«